Mieke Janssens

Humor als Intervention, die Betreuung verändert

Mieke Janssens

Humor als Intervention, die Betreuung verändert

Spaß mit Menschen, die mit einer geistigen Behinderung leben

Tübingen
2010

Die Originalausgabe erschien unter dem Titel:
Humor – een relativerende begeleidingsmethode. Anders omgaan met verstandelijk gehandicapten in specifieke situaties
bei: Uitgeverij Nelissen B.V., Soest © 2003

Aus dem Niederländischen übersetzt von
Lena Rudert, Anja Graf und Reinhard Koch

Bibliografische Information der Deutschen Nationalbibliothek
Die Deutsche Nationalbibliothek verzeichnet diese Publikation in der Deutschen Nationalbibliografie; detaillierte bibliografische Daten sind im Internet über http://dnb.d-nb.de abrufbar.

© 2010 dgvt-Verlag
Im Sudhaus
Hechinger Straße 203
72072 Tübingen

E-Mail: dgvt-Verlag@dgvt.de
Internet: www.dgvt-Verlag.de

Umschlaggestaltung: Vogelsang Design, Jens Vogelsang, Aachen
Layout: VMR, Monika Rohde, Leipzig
Belichtung: KOPP – desktopmedia, Nufringen
Druck: Druckerei Deile GmbH, Tübingen
Bindung: Nädele Verlags- und Industriebuchbinderei, Nehren

ISBN 978-3-87159-115-0

Inhalt

4 Humorvolle Interventionen in der Betreuungsarbeit

5 Der Einsatz von Humor in der Praxis

Anhang

Anhang 1: Betreuungsplan

Anhang 2: Beispiele

Vorwort

Den positiven Einfluss von Humor auf das Verhalten eines Menschen mit einer geistigen Behinderung erlebte ich zum ersten Mal, als ich eines Morgens mit Jeroen in der U-Bahn fuhr. Eine Frau lachte ihn an und schenkte ihm Süßigkeiten. Mir schenkte sie nichts.

Jeroen ist älter und zwei Köpfe größer als ich. Er macht sich nichts aus Süßigkeiten. Ich schon.

Jeroen hat eine geistige Behinderung. Ich nicht.

Jeroen störte die Bevorzugung durch diese Frau nicht. Mich schon.

Die Frau mochte ihn und zeigte das, indem sie ihm etwas schenkte. Als ich sie mit gespielter Gekränktheit darum bat, mir doch auch ein Bonbon zu geben, sagte sie Nein. Da lachte Jeroen ganz laut.

„Ha, ha – und meinen kriegst du auch nicht!", rief er provozierend und hielt mir dabei seine Faust mit dem Bonbon direkt vor die Nase.

Unter viel Gelächter versuchte ich mit aller Kraft, seine Hand aufzubiegen.

Ich schaffte es aber nicht, er war stärker.

Am Ende rief Jeroen: „Ich habe gewonnen!", und freute sich.

Ich hatte Jeroen nie zuvor lachen sehen. Ich wusste nicht einmal, dass er das konnte. Für mich und meine Kollegen in der Wohngruppe war er durchaus nicht der niedliche „Mongo", den die Frau in der U-Bahn offenbar in ihm sah. Offen gesagt störten mich seine zwanghaften und verwöhnten Verhaltensweisen immer wieder. Jeroen nutzte jede Gelegenheit, seine Mutter gegen uns auszuspielen. Das machte den Umgang mit ihm kompliziert und anstrengend. Um diese Konflikte zu vermeiden, beschränkten wir die Betreuung von Jeroen schließlich auf ein Minimum.

An jenem Tag in der U-Bahn lernte ich Jeroens fröhliche, nette Seite kennen – und ihm ging es vermutlich ähnlich mit mir. Von da an ging ich ihm nicht mehr aus dem Weg, und daher wurde seine Betreuung viel unkomplizierter.

„Pass nur auf, sonst kriegst du kein Bonbon!", wurde zum Zauberspruch, um Konflikte und Eskalationen zu vermeiden und um vernünftig mit ihm zu reden. Hatte ich tatsächlich Bonbons bei mir, gab es erst mal eine Balgerei. Ich hielt ihm ein Bonbon in der geschlossenen Faust vors Gesicht und provozierte ihn: „Versuch erst mal, den Bonbon zu kriegen, dann reden wir." Jeroen war jedes Mal der Stärkere.

Das Erlebnis in der U-Bahn liegt ungefähr zwanzig Jahre zurück. Seitdem habe ich viele humorvolle oder lustige Erlebnisse mit Klienten und Kollegen gehabt. Seither habe ich viele Menschen mit geistigen Behinderungen oder Verhaltensstörungen betreut und auch viele Teams beraten, die mit dieser Zielgruppe arbeiten. Bei der Betreuung muss man vor allem das Verhalten der Klienten genau beobachten. Die subjektiven Einschätzungen der intellektuellen Voraussetzungen und Fähigkeiten der Klienten durch andere Betreuer sind dagegen weniger wichtig. Es geht darum, subjektive Verzerrungen zu erkennen und durch Beobachtungen zu korrigieren. Wenn man das Verhalten von Menschen mit geistigen Behinderungen verstehen und verändern will, braucht man ein klares Bild der Klienten.

Die Erfahrung zeigt, dass man durch Humor Klienten besser verstehen und dass man durch gemeinsames Lachen und Herumalbern Verhalten positiv beeinflussen kann. Diese Art von Kontakt führt oft zu erstaunlichen Ergebnissen. Selbst in scheinbar hoffnungslosen Fällen kann ein Scherz ungeahnte Wirkung haben. Scherze oder Witze entstehen spontan im zwischenmenschlichen Kontakt; Scherze reagieren auf Persönlichkeitsmerkmale, die im Alltag deutlich werden.

Humor sollte gezielt und wohldosiert angewandt werden. Der Grat zwischen einem nett gemeinten Scherz und dem Sich-lustig-Machen über einen anderen Menschen ist sehr schmal. Wenn man in schwierigen Betreuungssituationen mit Humor arbeitet, macht man sich zudem angreifbar, weil man sich ungewohnt verhält. Die Klienten spüren das. Wie weit man gehen kann, hängt von der Professionalität des jeweiligen Betreuers ab. Soziale Arbeit mit Humor kann eine sehr ernste Angelegenheit sein – das ist die Kernaussage dieses Buches.

Aus Erfahrungen mit humorvollen Interventionen und deren Wirkungen wurde eine sozialpädagogische Methode für die Betreuung von Menschen mit geistigen Behinderungen und problematischen Verhaltensweisen entwickelt, die humorvolle Intervention. In unserem Beratungs- und Fortbildungsinstitut werden Betreuer von Menschen mit geistiger Behinderung in dieser Methode geschult. Dieses Buch ist die theoretische Grundlage dieser Kurse. Viele Themen werden mit Beispielen aus der Praxis veranschaulicht. Alle Namen wurden geändert und die Beispiele meist aus mehreren Situationen zusammengesetzt, um die Identität der beteiligten Personen zu schützen.

Beim Schreiben dieses Buches wurden viele schöne Erinnerungen wach. Das Schreiben wurde so zu einer sehr angenehmen Beschäftigung. Ich hoffe, das Buch kann dazu beitragen, die Freude der Betreuer und die Lebensfreude der von ihnen Betreuten zu bereichern.

Mieke Janssens
Rotterdam, März 2003

Ich danke allen Kolleginnen und Kollegen, allen Klientinnen und Klienten, die mich zum Lachen gebracht haben und deren Scherze ich in diesem Buch benutzen konnte. Besonders danke ich Fred Wigchert, der mich ermutigt hat, meine Erfahrungen bei Fortbildungen weiterzugeben.

Mein größter Dank gilt Veerle. Sie hat mich auf vielerlei Art beim Schreiben dieses Buches unterstützt.

Einleitung

Humor ist eine ernst zu nehmende Intervention

„Besteht nicht die Gefahr, dass Klienten lächerlich gemacht werden?" Diese Frage wird häufig gestellt, wenn es um den Einsatz von Humor als Interventionsmethode geht. Erfahrungsgemäß verringert sich diese Gefahr, wenn die Betreuer Humor bewusst einsetzen können. Betreuer können mit „scherzhaften" Bemerkungen ihre geistig behinderten Klienten verspotten und verletzen. Betreuer verstehen Humor anders, sie haben andere Normen und Werte als Klienten und können über Situationen lachen, die der Klient nicht im Mindesten als komisch empfindet. Andererseits machen Betreuer regelmäßig die Erfahrung, dass sie durch spontane humorvolle Reaktionen größere Erfolge bei den Klienten verzeichnen können als mit herkömmlichen Methoden. So war es auch bei Caro, die mit einer geistigen Behinderung lebt.

Caro ist vierzig Jahre alt. Sie neigt dazu, sich zu überschätzen, und aufgrund ihrer verbalen Fähigkeiten wird sie häufig auch von anderen überschätzt. Caro fordert viel Aufmerksamkeit und fühlt sich schnell gekränkt und zurückgewiesen. Wenn ihre Unzufriedenheit nicht rechtzeitig wahrgenommen und in positive Bahnen gelenkt wird, kann sie außerordentlich wütend werden. Caros Verhalten versetzt ihre Betreuer regelmäßig unter Druck und Hochspannung, weil sie selbstverständlich nicht in der Lage sind, jederzeit und sofort auf Caros Bedürfnis nach Aufmerksamkeit zu reagieren. Deshalb wird inzwischen nur noch versucht, die ständigen Eskalationen zu vermeiden. Besonders lästig sind die kindischen Streiche, die sich Caro in den unpassendsten Momenten einfallen lässt. Aber wenn die Betreuer nicht darauf eingehen, ist Caro schwer gekränkt.

Die Teammitglieder beschließen, Caro in solchen Situationen auf ruhige, freundliche Art zu erklären, warum sie ihr im Moment nicht die gewünschte Aufmerksamkeit schenken können. Gleichzeitig vereinbaren sie mit Caro, wann sie die Zeit ihrer Betreuer in Anspruch nehmen darf. Leider führt das fast nie zum gewünschten Erfolg. Caro rennt weiterhin wütend in ihr Zimmer, wenn ihr etwas nicht passt, sie schimpft laut, knallt mit den Türen und wirft mit Sachen um sich.

Sobald sie sich einigermaßen beruhigt hat, kommt dann ein Betreuer zu ihr, um mit ihr zu reden. Jedes Mal bekommt Caro als Erstes zu hören, dass ihr Verhalten inakzeptabel war. Dann versucht der Betreuer, freundlich und verständnisvoll mit Caro über ihre Gefühle zu sprechen. Diese empathische Haltung in Kombination mit offenen und spiegelnden Fragen soll bei Caro zu Einsicht und Verhaltensänderung führen.

Nach einiger Zeit stellen die Betreuer fest, dass sie mit ihrer Methode ein Eigentor geschossen haben: Die Gespräche verlaufen mühsam, da Caro einfach nicht mitarbeitet. Viel Zeit und Energie ist erforderlich, um Caro überhaupt zu erreichen. Meist sind die Gespräche unbefriedigend und müssen abgebrochen werden, damit andere Aufgaben nicht völlig liegen bleiben. Die Situation scheint ziemlich festgefahren.

Dann kommt Esther als neue Betreuerin in diese Wohneinrichtung. Sie hat viel Erfahrung mit Verhaltensstörungen, und ihre Kollegen empfinden ihre Art, mit den Klienten umzugehen, als frischen Wind in der Gruppe.

Caro stellt sehr schnell fest, dass man mit Esther viel Spaß haben kann. Als Caro herausfindet, dass Esther sich vor Mäusen fürchtet, wird das zu einem persönlichen Spiel zwischen den beiden.

Caro schenkt Esther Schaummäuse oder zeichnet Mäuse für sie und freut sich unbändig, wenn Esther beim Anblick der Mäuse vor Entsetzen kreischt oder wegrennt.

Eines Tages, während Esther und ihr Kollege Joris gerade ein wichtiges Gespräch mit den Eltern eines Klienten führen,

hämmert Caro an die Bürotür und kommt einfach hereinge-
stiefelt. „Mir fehlt eine Socke, jemand hat meine Socke ge-
klaut. Ich habe zwei in die Wäsche getan und hier, seht ihr, nur
eine wiederbekommen." Wütend schmeißt sie die Socke auf
den Tisch und zetert: „Es ist doch immer das Gleiche – hier
machen alle lange Finger!" Joris spürt, wie Ungeduld und
Anspannung in ihm wachsen. Unmöglich, jetzt mit Caro die
Socke suchen zu gehen, aber wenn er es nicht tut, ist ihr Wut-
anfall unausweichlich. Er ist bemüht, Ruhe und Freundlich-
keit auszustrahlen. „Caro, komm bitte in einer halben Stunde
wieder ..." Einen Versuch ist es wert, Caro zu beruhigen.
Er hat aber noch nicht zu Ende gesprochen, als Caro die Socke
packt und anfängt, damit auf den Tisch zu hauen: „Das lass
ich mir nicht gefallen! Alle beklauen mich, immer nehmen sie
meine Sachen und ..." In diesem Moment sieht Joris, dass
Esther Caro verständnisvoll lächelnd zuzwinkert und sich ihr
gegenüberstellt. Sie greift nach der Socke und schlägt damit –
noch heftiger als Caro zuvor – auf den Tisch: „Ich lass mir das
auch nicht gefallen, piep piep piep, dass du einfach hier ins
Büro kommst, piep piep piep, und du wirst jetzt mal Mäu-
segeduld haben und warten, bis ich zu dir komme, piep piep
piep!"
Letzteres sagt sie laut und bestimmt, und sie sieht Caro dabei
gespielt ärgerlich an.
Zuerst verschlägt es Caro die Sprache, aber dann muss sie la-
chen: „Haha, das ist gut, Frau Maus hat auch etwas zu sagen,
piep piep piep", äfft sie Esther nach. „Also dann komm mal
gegen Mittag ins Mauseloch zum Socken Suchen, haha!"
Sie nimmt Esther die Socke aus der Hand und geht lachend
weg. Esther nimmt lächelnd den Gesprächsfaden mit den
Eltern wieder auf.

In diesem Beispiel hat Esther die Situation durch Humor geret-
tet. Sie hat die Spannung gelöst und dadurch vermieden, dass
Caros Verhalten in einem Wutausbruch eskalierte. Das wäre mit
großer Wahrscheinlichkeit passiert, wenn nur Joris mit Caro ge-

redet hätte. Schon sein erster Satz steigerte Caros Aggression. Seine Grundhaltung war richtig: Er blieb ruhig und freundlich und ließ sich nicht von seinem Ärger leiten. Diese Haltung führt auch meist zum erwünschten, positiven Erfolg bei den Klienten. Bei Caro funktionierte es nicht. In der Teambesprechung berichtet Joris von einer ähnlichen Situation mit Caro.

„Ich finde, dass du sehr wütend bist", hatte er damals freundlich zu Caro gesagt.
„Genau. Und du erzählst mir wieder mal, dass ich die Klappe halten soll", war Caros giftige Reaktion.
„Und das ärgert dich, ja?"
„Das ist ja wohl klar, das musst du doch inzwischen wissen!"
„Du fühlst dich im Stich gelassen, stimmt's?"
„Klar, wenn meine Sachen weg sind, da würde sich doch jeder ärgern."

Caro verhielt sich während des Gesprächs defensiv, sodass Joris sie nicht erreichen konnte. Caro verhielt sich stur und sagte nur immer wieder: *„Ist mir doch egal – die anderen sollen die Finger von meinen Sachen lassen."*

Um herauszufinden, wieso Esthers Methode so viel wirkungsvoller ist als das Vorgehen von Joris, sollte man folgende Aspekte beachten:
1. Beschreibung der humorvollen Kommunikation, die Esther angewandt hat;
2. Evaluation der normalen Methode;
3. Vergleichsanalyse und Schlussfolgerungen;
4. Erfolgsanalyse.

Beschreibung der humorvollen Kommunikation, die Esther angewandt hat

❖ Esther kommuniziert zunächst nonverbal.
❖ Sie steht unerwartet auf und stellt sich Caro direkt gegenüber.

- Sie lacht und zwinkert ihr verständnisvoll zu.
- Sie ahmt Caros Verhalten nach.
- Sie übertreibt es sogar, indem sie noch heftiger mit der Socke auf den Tisch haut.
- Sie ahmt den Tonfall von Caros Wutanfällen nach.
- Aus ihrer Haltung und ihrem Gesichtsausdruck wird deutlich, dass sie schauspielert und nur so tut, als wäre sie wütend.
- Verbal weist sie Caro zurecht und schickt sie weg mit dem Hinweis, dass sie warten soll, bis Esther zu ihr kommen wird.
- Die verbale Botschaft unterstützt sie mit Scherzen, die Caro gefallen, wie dem Mäusepiepsen zwischen den Sätzen.

Diese Methode bewirkt, dass es Caro zunächst die Sprache verschlägt, dann lacht sie, macht selber einen Scherz und verlässt den Raum, ohne dass die Spannung weiter angestiegen ist.

Evaluation der normalen Methode, die Joris eingesetzt hat

- Joris bleibt sitzen.
- Er merkt, dass er immer angespannter wird.
- Er bleibt dennoch ruhig und freundlich.
- Er beginnt zu sprechen und bittet Caro, in einer halben Stunde wieder zu kommen.

Caro reagiert mit noch mehr Aggressivität und unterbricht Joris.

Vergleichsanalyse und Schlussfolgerungen

Um Caros Verhalten zu beeinflussen, verlässt sich Esther stärker als Joris auf ihre Körpersprache. Sie steht auf, stellt sich vor Caro hin, sieht sie an und ahmt sie nach. Ihrem Gesicht ist deutlich anzusehen, dass sie nur so tut, als sei sie wütend. Joris dagegen bleibt sitzen und beginnt sofort bemüht ruhig und ernsthaft zu sprechen. Seine höfliche Bitte wird von Caro zurückgewiesen, während sie den nachdrücklichen Tonfall von Esther akzeptiert. Die Nachdrücklichkeit wird durch die für Caro erkennbaren Scherze verstärkt.

Joris Art, mit Caro umzugehen, macht sie nur noch aggressiver. Esther weist Caro zurecht und schickt sie weg, aber sie bringt sie auch zum Lachen und lockert so die Spannung. Caro verlässt das Büro, ohne sich zurückgewiesen zu fühlen. Daraus kann man schließen, dass Esthers humorvolle Zurechtweisung einen größeren erzieherischen Effekt hat als Joris Versuch, ihr mit Empathie, Respekt und Ehrlichkeit zu begegnen.

Caro spürt sofort, dass es Joris nicht wirklich ehrlich meint. Esther dagegen legt nicht so viel Wert auf respekt- und verständnisvollen Umgang. Dafür reagiert sie glaubhaft und aufrichtig.

Aus diesem Vergleich muss man schlussfolgern, dass Caro mit ihrem *direktiven Vorgehen* deutlich mehr Verständnis und Respekt gezeigt hat als Joris mit seiner *nicht-direktiven* Methode. Dabei ist zu berücksichtigen, dass Caro sich eher kindlich verhalten hat.

Erfolgsanalyse

Der erwünschte positive Effekt, den Esthers Methode auf Caros Verhalten hatte, wurde dadurch erreicht, dass

❖ Esther durch ihre unerwartete Reaktion die Situation kontrollieren konnte;
❖ sie auf spielerische Art agierte und sowohl verbal als auch nonverbal kommunizierte;
❖ sie Caros Verhalten auf humorvolle Art spiegelte und übertrieb;
❖ sie klar und deutlich sagte, was sie von Caro erwartete;
❖ es ihr mit ihren „sprechenden Mäusen" gelang, einen positiven Kontakt mit Caro herzustellen.

Caro war nicht gekränkt, und durch ihr Gelächter entlud sich die Spannung, unter der alle gestanden hatten.

Die wichtigste Voraussetzung für eine humorvolle Intervention ist Respekt gegenüber dem Klienten. Auf humorvolle Weise respektvoll zu sein funktioniert nur, wenn die Art des Humors (verbal und nonverbal) das Entwicklungsniveau, die Persönlichkeit und die Interessen des Klienten berücksichtigt. Der Betreuer, der mit Humor arbeiten will, sollte seine Klienten möglichst genau kennen.

Diese kurze Einführung in das Thema wird in den folgenden Kapiteln vertieft.

Kapitel 1 beginnt mit Definitionen des Humors. Es folgen einige theoretische Überlegungen über das Wesen von Humor und Lachen aus philosophischer, psychologischer und soziologischer Sicht, immer bezogen auf die Methode der humorvollen Intervention. Den Abschluss bilden Informationen über den Einfluss des Lachens auf die Gesundheit und über die neurologischen Grundlagen des Lachens.

Kapitel 2 beschäftigt sich mit den unterschiedlichen kognitiven Fähigkeiten von Menschen mit einer geistigen Behinderung. Dabei werden diese Fähigkeiten mit den intellektuellen Entwicklungsphasen eines heranwachsenden Kindes verglichen. Auf dieser Basis wird dann schematisch gezeigt, wie humorvolle Intervention an das Entwicklungsniveau der Klienten angepasst werden kann.

In Kapitel 3 geht es um die alltäglichen Probleme bei der Betreuung, um problematische Situationen und um problematisches Verhalten. Dabei geht es nicht nur um die Rolle der Klienten, sondern auch um Verhaltensweisen der Betreuer und der Träger-Institution.

Kapitel 4 untersucht aus unterschiedlichen Perspektiven die Wirksamkeit von Humor in der Betreuung.

Kapitel 5 beschreibt konkrete humorvolle Interventionen und informiert auch über andere problemlösende Techniken.

Anhang 1 ist ein Beispiel für einen Aktionsplan, der Betreuern bei humorvollen Interventionen in der täglichen Praxis als Leitfaden dienen soll.

Jedes Kapitel endet mit einer Übung. Im Rahmen der beruflichen Weiterbildung können Studenten diese Übungen einzeln oder in Gruppen bearbeiten. Betreuer können anhand dieser Übungen die Theorie in der Praxis erproben.

1 Theoretische Grundlagen des Humors

1.1 Einleitung

Humor ist eine spontane Reaktion auf eine Situation oder ein Ereignis und äußert sich in unterschiedlichen Formen:

❖ als wohlwollende, freundliche Anekdote oder als Scherz;
❖ als ironischer Spott, wobei oft das Gegenteil vom explizit Gesagten gemeint ist;
❖ als Scherz über eine unangenehme oder ernste Situation (Galgenhumor);
❖ als sogenannter schwarzer Humor, der meist pessimistisch ist;
❖ als Spott über Fehler und Gebrechen eines anderen Menschen.

Eine humorig gemeinte Bemerkung kann zu sehr unterschiedlichen Reaktionen führen. Meist bewirkt das Witzige, Spitzfindige oder Herausfordernde einer solchen Bemerkung, dass andere lächeln oder lachen. Es kann aber auch sein, dass Späße, die auf Kosten eines anderen Menschen gemacht werden, Wut, Unverständnis oder Ärger zur Folge haben. Oft hat Humor auch den Zweck zu schockieren, zu beleidigen oder sich selbst auf Kosten anderer hervorzutun. Diese Art des Humors hat mit dem Thema dieses Buches nichts zu tun.

1.2 Definitionen von Humor

Eine große Enzyklopädie definiert Humor als eine Lebenseinstellung: „... eine Einstellung zum Leben, die es Menschen trotz all ihrer Schwäche und Unzulänglichkeit ermöglicht, die Härten des Lebens mit einem wehmütig-skeptischen Lächeln zu verstehen und zu verzeihen."

21

Die Methode der humorvollen Intervention benutzt den versöhnlichen und beruhigenden Aspekt, der aus dieser Definition spricht. Die persönliche Tragik, die Probleme und Konsequenzen einer geistigen Behinderung wie auch die Hilflosigkeit der Betreuer können durch Humor besser verstanden und entschärft werden. Die Definition des Humorbegriffs aus einem anderen Wörterbuch verdeutlicht diese Sichtweise. Humor ist „... ein Gefühl für Komik, die oft einen Widerspruch zwischen dem vordergründigen Erscheinungsbild und dem wahren Sinn und Zweck vieler Dinge, Taten und Ereignisse sieht; die Neigung, den heiteren Aspekt jeder Situation in den Vordergrund zu stellen."

Geistig behinderte Menschen sind in hohem Maße von ihrer Umgebung abhängig. Ihre Betreuer spielen eine wichtige Rolle in ihrem Alltag. Daher sind deren Einstellungen, Betreuungsmethoden und Verhaltensweisen von großer Bedeutung für die Klienten.

1.3 Einige philosophische und psychologische Theorien des Lachens und des Humors

Die Superioritäts- oder Überlegenheitstheorie

Der griechische Philosoph Plato war der Erste, der systematisch nach dem Wesen des Humors und vor allem des Lachens fragte. Seine Superioritätstheorie geht davon aus, dass das Lachen durch das Schlechte im Menschen und seine Unwissenheit über sich selbst ausgelöst wird. Wer lacht, hält sich selbst für besser, klüger oder tüchtiger als andere. Er lacht den anderen aus oder spottet über seine Schwächen.

Auch der im 17. Jahrhundert lebende englische Philosoph Thomas Hobbes beschreibt das Lachen als eine Demonstration von Überlegenheit. Er betrachtete die Menschen als eine Ansammlung von Individuen, die im ständigen Kampf miteinander liegen. Lachen entsteht dann, wenn ein Mensch einen anderen besiegt und sich über dessen Schwächen überlegen fühlen kann.

Kennzeichnend ist das völlige Fehlen von Respekt gegenüber demjenigen, der ausgelacht wird. Diese theoretischen Ansätze stehen im Gegensatz zu der in diesem Buch beschriebenen Methode der humorvollen Intervention.

Betreuer von Wohngruppen für Erwachsene mit geistigen Behinderungen lachen in der täglichen Arbeit häufiger *über* als *mit* Klienten. Gelacht wird vor allem, wenn Klienten auf kindliche Weise reagieren, was zu sonderbaren Situationen führen kann. Solche Vorfälle scheinen aber den Spaß an der Betreuungsarbeit zu erhöhen.

Janine, die Gruppenleiterin, gießt gerade den Tee ein, als Annemieke strahlend aus ihrer Tagesstätte nach Hause kommt. „Ich weiß was Neues", lacht Annemieke. „Ein Geheimnis. Komm mal her, dann flüstere ich es dir ins Ohr." Sie winkt Janine zu sich, legt den Zeigefinger an die Lippen als Zeichen, leise zu sprechen, und flüstert ihr ins Ohr: „In unserer Straße wird ein neues Haus geboren!" Janine muss erst mal überlegen, bis ihr klar wird, dass Annemieke von dem Haus spricht, mit dessen Bau auf der anderen Straßenseite gerade begonnen wurde. Sie lacht belustigt und erklärt: „Annemieke, neue Babys werden geboren, und neue Häuser werden gebaut." Annemieke klatscht in die Hände und lacht voller Freude über das Geheimnis, das sie Janine verraten hat: „Ja, ja, sag ich doch, ein neues Haus wird geboren ..."

Dieses Beispiel beschreibt einen lustigen Moment in einer alltäglichen Situation. Janines Reaktion ist vergleichbar mit der von Eltern auf das Geplapper ihres Kleinkindes. Janine findet die Bemerkung witzig, weil aus ihr eine kleinkindhafte Logik spricht. Sie lacht Annemieke nicht aus, und Annemieke fühlt sich auch nicht ausgelacht. Im Gegenteil, wie ein Kind ist sie stolz auf ihr „Geheimnis", das sie mit Janine teilen kann.

Betreuer müssen darauf achten, dass sie ihre erwachsenen Klienten trotz ihrer manchmal kindlichen Verhaltensweisen nicht wie Kinder behandeln. Trotz ihrer Beeinträchtigung sind die meisten Klienten aufgrund ihrer Lebenserfahrung zu Tätigkeiten und verantwortungsbewussten Handlungen in der Lage, die ein Kind schwerlich bewältigen würde.

Manchen Klienten macht es Freude, wenn sie feste Aufgaben im Haushalt bekommen: kochen oder beim Kochen helfen, Einkäufe machen, aufräumen, Gäste empfangen, Kaffee kochen und einschenken und Ähnliches. Wenn man Klienten zu solchen Tätigkeiten heranzieht, fördert man Selbstbewusstsein und Verantwortungsgefühl.

Wie die meisten anderen Menschen wollen sie ihre Aufgaben so gut wie möglich erfüllen und sind dabei sowohl für Lob als auch für Kritik empfänglich. Es kann aber geschehen, dass ein Klient seine Aufgabe nicht wirklich versteht und überblickt, sondern mehr gemäß seiner Konditionierung handelt. Dadurch können komische Situationen entstehen, und es ist wichtig, dass der Betreuer mit seiner Reaktion nicht die Gefühle des Klienten verletzt. Ihn auszulachen wäre eine sehr unprofessionelle Reaktion und entspricht nicht den heutigen Ansprüchen an einen respektvollen Umgang mit den Klienten, der ihre Fähigkeiten und Handicaps berücksichtigt.

Auf der Küchenarbeitsplatte liegen mehrere Tüten mit Spinat, der gewaschen werden muss. Betreuerin Andrea füllt eine Schüssel mit Wasser. Hendrik sieht zu und hört sie meckern: „Was für eine Drecksarbeit, wer ist bloß auf die Idee gekommen, frischen Spinat für zehn Leute zu kochen! Und ich muss mich auch noch um die andere Gruppe kümmern!"
Sie hat noch nicht ganz zu Ende gesprochen, da kommt ein Bewohner aus der anderen Gruppe: „Andrea, wir wollten Hackfleisch essen, aber Bas war noch nicht beim Fleischer."
Während Andrea mit dem Bewohner nach nebenan geht, beschließt Hendrik, ihr ein bisschen zu helfen. Er hat oft gesehen, wie man Gemüse wäscht und dann in einen Topf mit Wasser gibt. Es ist viel Spinat, und deshalb nimmt er den größten Suppentopf. Schnell ist er bis obenhin voll, es ist viel mehr

Spinat da, als in den Topf hineinpasst. Also füllt er den nächsten Topf mit Spinat und Wasser, und dann noch einen. Trotzdem bleibt immer noch Spinat übrig.

Inzwischen herrscht in der Küche ein klitschnasses Durcheinander: Wasser und Spinatblätter sind auf den Küchentisch, auf die Arbeitsplatte und auf den Fußboden geraten. Hendrik ist genervt – so macht es keinen Spaß, beim Kochen zu helfen. Als Andrea zurückkommt, verschlägt es ihr die Sprache. Aber dann fängt sie an, unbändig zu lachen, und zeigt dabei auf die vielen Töpfe mit Spinat. Hendrik wird immer nervöser. Er versteht nicht, wieso sie lacht.

„Ach Hendrik – Spinat kocht man doch portionsweise, und nur mit dem Wasser, das noch vom Waschen an ihm dran ist. Der Spinat fällt dann zusammen, und … Haha, ist das komisch!"

Hendrik begreift von Andreas Erklärung weder das Wort „portionsweise" noch „zusammenfallen". Er hat in bester Absicht alles falsch gemacht, und Andrea lacht ihn auch noch aus.

Es ist nachvollziehbar, dass Andrea über diese drollige Situation lachen musste. Aber ihre Reaktion gab Hendrik das unangenehme Gefühl, ausgelacht zu werden. Andrea war sich der Wirkung ihres Verhaltens und der Überlegenheit, die sie damit demonstrierte, nicht bewusst. Sie reagierte unprofessionell und ohne das nötige Verständnis, ohne den Takt und die Wertschätzung, die nötig gewesen wären, um gemeinsam mit Hendrik über die Situation lachen zu können.

Das folgende Beispiel zeigt, dass manchmal auch ganz bewusst aus dem Gefühl der Überlegenheit heraus über einen Klienten gelacht wird. Betreuer Jan ist der festen Überzeugung, dass er einen guten Weg gefunden hat, mit Inekes Sprachbehinderung umzugehen.

Ineke stottert. Manche Betreuer bringen einfach nicht die Geduld auf, sie ausreden zu lassen. Wenn ein Betreuer Inekes

Sätze zu Ende spricht, ärgert sie sich verständlicherweise. Darum ignoriert sie diese Intervention und redet stotternd weiter, bis sie gesagt hat, was sie sagen wollte. Die laute und fordernde Art, mit der Ineke redet, führt häufig zu Konflikten. Betreuer Jan meint aber, er hätte einen Weg gefunden, um entspannt mit der Situation umzugehen. „Ich tue genau das, was man laut Lehrbuch nicht tun soll", sagt er lachend. „Wenn Ineke an einem Buchstaben hängen bleibt, sage ich sofort irgendein Wort. Ein bisschen Spaß muss sein."

Eines Tages bekommt Jans Kollegin Rinke mit, was Jan mit Ineke macht, als während der Dienstübergabe Ineke ins Zimmer kommt. „Iiiich sssssssuche mmmmmeine ... Br... Br... Br..."

„Brezel!", witzelt Jan. „Ich wusste gar nicht, dass du Brezeln magst."

„Nnnnein, iiiich sssuche mmmmeine Br...Br...Br..."

„Bratwurst? Haha, soll ich dir welche vom Fleischer um die Ecke holen?" Jan scheint richtig Spaß zu haben, und Ineke starrt ihn wütend an.

„Iiiich sssssssuche meine Br...Br..."

„Brieftasche, Brummkreisel, Braunbär, Brötchen?", zählt Jan auf.

Ineke schüttelt verneinend den Kopf und stellt sich mit in die Seiten gestemmten Händen demonstrativ vor Jan.

„Jan, lass Ineke doch ausreden!", greift Rinke ein, als Jan keine Anstalten macht, mit seinen Witzen aufzuhören.

Ineke sieht sie dankbar an und kann endlich sagen, was sie wollte: „Br...Br...Br...Brille!"

Jans Humor zeigt seine Voreingenommenheit und einseitige Sichtweise. Jan fehlen Verständnis und Respekt im Umgang mit Ineke. Diese Art von Humor ist als Mittel zur Verhaltensänderung völlig ungeeignet.

Die Inkongruenztheorie des Humors

Die Inkongruenztheorie des Humors stammt von den Philosophen Kant und Schopenhauer. Sie besagt, dass Humor und Lachen intellektuelle Reaktionen auf etwas Unerwartetes, Unlogisches oder Unpassendes sind. Das Lachen wird durch Widerspruch und Kontrast ausgelöst. Durch nicht erfüllte, durchkreuzte Erwartung erscheint eine Situation plötzlich in einem ganz anderen Licht und kann Lachen auslösen.

Betreuer von Menschen mit einer geistigen Behinderung berichten häufig, dass sie manchmal durch eine Bemerkung oder ein bestimmtes Verhalten ihrer Klienten zum Lachen gebracht werden und sich dann mit ihnen gemeinsam darüber amüsieren können. Das Lachen ist dann eher eine Reaktion und nicht durch Interaktion ausgelöst worden.

Diese Erfahrung verweist auf den Kern der Inkongruenztheorie: Wenn der Betreuer unerwartet etwas Komisches macht, vielleicht nur mit dem Knie irgendwo anstößt oder eine Torte an die Wand schmeißt, werden die meisten Klienten zumindest lächeln oder sogar in lautes Gelächter ausbrechen.

Dabei handelt es sich um eine nicht intellektuelle, unmittelbare *(primäre)* Reaktion, die dem Verhalten eines Kleinkindes entspricht, das gerade die gültigen Normen und Werte entdeckt und beispielsweise im Zirkus lauthals über den Clown lacht, der von diesen Normen abweicht. Diese Art von Humor können auch Menschen mit einer geistigen Behinderung leicht verstehen, und sie ist daher sehr beliebt.

Inkongruente Interventionen sind daher ein gutes Hilfsmittel für Betreuer, um schwierige Situationen zu bewältigen. Der Klient ist überrascht und unterbricht sein Verhalten. Die Spannung löst sich, und der Betreuer hat eine neue Ausgangsbasis, um mit der Situation umzugehen.

Annie ist genervt durch die ständigen Einmischungsversuche ihrer Mitbewohnerin Linda. Auf Anraten der Betreuer hat sie ein paar Mal versucht, ihr ganz ruhig zu sagen, sie möge ihr nicht ständig „auf der Pelle sitzen". Leider gänzlich ohne Erfolg. Inzwischen hat Annie nach eigener Aussage die Nase voll von Linda. Ein weiterer Vorfall bringt dann das Fass zum Überlaufen.

Annie deckt den Tisch für das Abendessen. Plötzlich reißt Linda ihr die Löffel aus der Hand und behauptet, sie mache das nicht richtig.

In diesem Augenblick wird Annie von blindem Zorn überwältigt. Sie fängt an, Linda zu schubsen und zu schlagen. Linda schreit und heult, während Annie auf sie einschlägt.

Der Lärm ruft Betreuerin Heleen dazu. Die energische Stimme, mit der sie den Streit beenden will, findet kein Gehör, und sie schafft es auch nicht, die beiden Kämpfenden voneinander zu trennen.

Da sieht sie den hölzernen Besteckkasten auf dem Tisch stehen, und ohne lange zu überlegen kippt sie das ganze Besteck direkt neben den beiden Streithähnen auf dem Fußboden aus. Es klirrt und scheppert ohrenbetäubend. Vor Schreck lässt Annie Linda los, und Heleen nutzt den Augenblick, greift sich mit jeder Hand eine der beiden Frauen und ruft: „Sagt mal, was ist denn hier los? Erst fallt ihr übereinander her, und dann fällt auch noch das Besteck auf den Boden! Ich habe mich fast zu Tode erschrocken! Helft mir mal eben beim Aufräumen, und dann reden wir miteinander, okay?" Betreten tun Annie und Linda, was ihnen gesagt wird.

Durch diese *inkongruente Intervention* hat Heleen die Situation entschärft und kann jetzt das Problem zwischen Linda und Annie ansprechen und ihnen helfen, eine Lösung zu finden. Das Beispiel zeigt auch, dass eine solche Intervention nicht immer Lachen auslösen muss, um wirksam zu sein.

Dass eine inkongruente Reaktion den Klienten häufig zum Lachen bringt und entspannend wirkt, wird auch an dem Beispiel in der Einleitung deutlich. Caro erwartete eine Reaktion wie die ihres Betreuers Joris, nicht die von Esther. Die unerwartete komische Einlage von Esther brachte sie zum Lachen, und dadurch vergaß sie ihren Zorn, fühlte sich besser und konnte das Büro ohne Groll verlassen.

Die Entladungstheorie

Sigmund Freud beschrieb 1905 in seinem Buch „Der Witz und seine Beziehung zum Unbewussten" das Lachen als eine „Entladung" von Spannungen. Das Lachen über einen Witz entlädt Energien, mit der ein Mensch normalerweise Gefühle wie Sex, Aggression etc. unterdrückt.

Beim Lachen entlädt sich eine Spannung, die durch die Konfrontation mit Tabus und das Überschreiten bestimmter Normen verursacht wird. Die Entladungstheorie wird von vielen Psychoanalytikern und Psychologen vertreten.

Wie und warum Spannung auch entstanden ist: Beinahe jeder Mensch hat schon mal die Erfahrung gemacht, dass Lachen entspannend wirkt. Besonders nach einem richtigen „Lachanfall" spürt man deutlich, wie sich die Spannung entladen hat. Das wird auch an Begriffen deutlich wie „sich den Bauch halten vor Lachen", „einen Lachkrampf haben", „sich schlapp lachen" oder „Tränen lachen".

Experten, die sich mit den Phänomenen „Lachen" und „Weinen" befassen, meinen, eine heftige Lachsalve (oder ein Weinkrampf) sei ein besseres Heilmittel als jedes Medikament. Lachen vermindere die Stresshormone im Körper und führe zu Stimmungsverbesserung und gesteigerter Kreativität. Wie dem auch sei, Lachen ist in jedem Fall ein Entspannungsmittel par excellence.

Erwin hat auf einer Geburtstagsfeier ein paar Biere zu viel getrunken und ist völlig betrunken. Er hat sich auf dem Wohnzimmerteppich übergeben, und als ihm sein Betreuer Johan sagt, dass er das sauber machen soll, weigert er sich. Er schimpft und flucht und lallt betrunkenes Zeug. Die Mitbewohner stehen ängstlich schweigend dabei.

Johan beschließt, dass Erwin am besten erst mal seinen Rausch ausschlafen soll, und bringt ihn in sein Zimmer. Fred, der Praktikant, erklärt sich bereit, inzwischen den Dreck wegzumachen.

Bei seiner Rückkehr hört Johan die Bewohner schon von Weitem vor Lachen brüllen. Als er ins Zimmer kommt, steht dort Fred mit rot angelaufenem Gesicht. Er hält den Staubsauger in der Hand und lacht verlegen mit. Die Bewohner kriegen sich überhaupt nicht wieder ein vor Lachen, und einer von ihnen – Adrie – liegt buchstäblich vor Lachen am Boden. Als er Johan hereinkommen sieht, brüllt er: „Johan, das ist gut, das musst du sehen: Fred hat die Kotze mit dem Staubsauger weggemacht! Saubere Arbeit, das muss man sagen, hahaha!"

Auch das Lachen unter Kollegen kann eine Situation entspannen, wie das folgende Beispiel zeigt.

Die Betreuer Anton und Mariska machen mit sechs Klienten Urlaub in Griechenland. Sie haben nicht gerade die einfachsten und umgänglichsten Klienten mitgenommen, und als sie (viel zu spät) auf dem Flughafen ankommen, hat es schon einigen Ärger und Komplikationen gegeben. Mariska ist bereits angespannt. Sie wird zehn Tage mit diesen Klienten in einer ungewohnten Umgebung verbringen müssen. Die neugierigen Blicke der anderen Leute in der Abflughalle und die Schwerfälligkeit der Klienten machen die Sache nicht besser. Mariska steht kurz davor, die Geduld zu verlieren, als die Sache mit der Puppe passiert.

Gea hat ihre Puppe Mientje mitgenommen. Mientje ist ihr Kind: eine Babypuppe, die Windeln trägt, gefüttert wird und im Buggy mitreist. Bei der Gepäckkontrolle klappt sie den Buggy zusammen und will, wie andere Mütter auch, mit ihrer Babypuppe auf dem Arm durch die Kontrolle gehen. Ein Sicherheitsbeamter stellt sich ihr in den Weg und fordert sie auf, die Puppe auf das Gepäckband zu legen. Sie schüttelt zuerst erstaunt und dann sehr entschieden den Kopf. Nein, auf keinen Fall: Welche Mutter legt ihr Kind auf ein Gepäckband, wo es dann in einem dunklen Kasten verschwindet? Der Sicherheitsbeamte ist aber unerbittlich und wird allmählich ungeduldig angesichts der Verzögerung. „Weitergehen, bitte weitergehen!", sagt er. Gea fängt an zu schluchzen, und Anton und Mariska versuchen, den Beamten zu erweichen: „Könnten Sie bitte eine Ausnahme machen?" Doch der Beamte bleibt stur. Nun mischen sich auch Umstehende ein, zeigen Mitgefühl und Verständnis für Gea.

„Sehen Sie denn nicht, dass das Mädchen geistig behindert ist? Man kann es auch übertreiben, guter Mann!", ruft eine Frau und streichelt Gea über den Kopf.

Während Anton und Mariska eindringlich, aber höflich auf den Sicherheitsbeamten einreden, gibt einer der Mitbewohner seinen Senf dazu und sagt: „Scheißkerl!" Der Sicherheitsbeamte macht jetzt kurzen Prozess, reißt Mientje aus Geas Arm und legt die Puppe aufs Gepäckband. Gea verstummt abrupt, und alle schauen zu, wie Mientje auf dem Rücken liegend, Arme und Beine in der Luft, im Scanner verschwindet.

„Verdammt, so was von echt – das sieht aus, als ob da ein richtiges Baby liegt", entsetzt sich eine andere Frau, ebenfalls mit Amsterdamer Dialekt.

Mariska hört, dass Anton hinter ihr plötzlich anfängt zu kichern. Nein, denkt sie, das ist nun wirklich der unpassendste Moment! Doch als das unterdrückte Lachen hinter ihr weitergeht, bricht sie selbst in ein nervöses Gelächter aus, woraufhin Anton lauthals lachen muss.

Nun gibt es kein Halten mehr. Anton und Mariska kreischen vor Lachen, bis ihnen die Tränen übers Gesicht laufen. Weil sie das Gefühl haben, erklären zu müssen, warum sie so lachen, schlingt Mariska den Arm um Gea, die inzwischen ihre Mientje zurückbekommen hat. „Gea, wir lachen nicht über Mientje, bestimmt nicht! Es war dumm von dem Mann, und du hattest völlig recht. Wir lachen einfach, weil heute alles so chaotisch ist."

„Ihr habt euer Bestes getan", grummelt Gea gutmütig und hat nur noch Augen für Mientje.

Anton und Mariska erzählen später, dass sie noch lange über die skurrile Situation lachen mussten. „Dabei entlud sich die Spannung dieses ganzen Tages", sagt Mariska. Anton ergänzt: „Es ist albern, dermaßen zu lachen, aber in dem Moment, als Mientje auf diesem Gepäckband lag, sprach die Frau meine Gedanken aus: Ich sah plötzlich in der Puppe ein echtes Baby, das auf so grausame Weise zwischen all den Taschen im Scanner verschwand. Die ganze Situation war ungeheuer komisch."

Lachen entspannt, wortwörtlich und im übertragenen Sinn. Es ist ein ausgezeichnetes Anti-Stress-Mittel. Es gibt „Lachexperten", wie Dhyan Sutorius. Er hat bereits als praktischer Arzt, Schiffsarzt und Dermatologe gearbeitet. Seit 1978 hat er auf vielen Kongressen und Tagungen Lachseminare durchgeführt. 1985 hat er das „Zentrum zur Förderung des Lachens" eröffnet.

Mit seinen Workshops, Büchern und Audiokassetten will er Menschen die positiven Wirkungen des Lachens vermitteln:

❖ die relativierende Wirkung des Lachens;
❖ die Förderung der Akzeptanz von Situationen, von anderen Menschen oder sich selbst durch Lachen;
❖ das verbindende Gefühl, das durch gemeinsames Lachen entsteht;
❖ Akzeptanz, Loslassen und Bewusstseinsentwicklung durch Lachen.

Sutorius betont, dass gemeinsames Lachen das Zusammenarbeiten von Menschen fördert, da es die Bindung zwischen ihnen vertieft.

1.4 Lachen aus soziologischer Perspektive

Die zuvor genannten Philosophen und Psychologen suchten nach dem Wesentlichen, der Essenz des Humors; aus soziologischer Perspektive geht es um soziale Funktionen und Bedeutungen. Soziologen betrachten Humor als eine Art der Kommunikation, die unbeabsichtigt ist oder aber auch bewusst angewandt werden kann, um andere Menschen zum Lachen zu bringen. Menschen kommen sich näher, wenn sie miteinander lachen und humorvoll miteinander umgehen. Einige sozialwissenschaftliche Untersuchungen beleuchten die Funktion des Lachens und die Funktion von Humor.

Lachen, um eine soziale Verbindung herzustellen

Der Neurobiologe Robert Provine von der Universität Maryland untersuchte das Lachen von Menschen in alltäglichen Kommunikationssituationen. Auf der Basis von 1200 Testpersonen stellte er fest, dass Menschen, die häufiger sprechen auch häufiger lachen, dass aber Humor in alltäglichen Situationen eher selten ist. Provine nennt Lachen eine „soziale Ausdrucksform": ein Verhalten von Menschen, das Verbindungen zu anderen herstellen soll.

Lachen als soziales Spiel

Van Hooff, der an der Universität von Utrecht Soziale Ethologie lehrt, führt fröhliches, humorvolles und spielerisches Verhalten auf evolutionäre Ursprünge zurück. Viele Tiere kennen soziale Spiele. Dabei geht es meist um Spaß am Spielen an sich, ohne Angst und Aggression.

Das „Spielgesicht" von Primaten (Affen und Menschen) zeigt einen weit offenen Mund, die Lippen bedecken die Zähne, und die Augen sind entspannt. Der ganze Körper ist in Bewegung, aber die Muskeln sind locker (auch bei Menschen entspannen sich die Muskeln während des Spielens). Ein häufiges Spiel bei Primaten besteht darin, sich gegenseitig zu fangen. Dabei reagieren sie aufeinander mit einer Art von Keuchen oder Bellen, das bei Schimpansen verblüffend ähnlich wie Lachen klingt.

Van Hooff bezeichnet das Lachen beim Menschen als eine Möglichkeit, ernste Situationen zu entschärfen, ihnen „den Stachel zu nehmen".

Das Lächeln entsteht nach van Hooff aus dem „Angstgesicht", das bei vielen Affenarten die Botschaft „Ich ergebe mich" oder „Lass mich in Ruhe, ich bin nicht angriffslustig" ausdrückt. Bei anderen Arten bedeutet es: „Ich bin nicht dein Feind, ich bin dein Freund." Daraus hat sich das Lächeln entwickelt, das Freundlichkeit und Freundschaft zeigen soll.

Lachen als Aufforderung zum Mitlachen

Eine andere Untersuchung erforschte die interaktive Wirkung des Lachens in Gesprächen. Lachen ist eine Aktivität, die einen Gesprächspartner zum Mitlachen auffordert. Diese Aufforderung kann vom Gesprächspartner angenommen oder abgelehnt werden.

1.5 Humor – Kommunikation in guter Absicht

In ihrer Dissertation „Guter Humor, schlechter Geschmack – Niederländer und Witze" untersucht die Kulturanthropologin Giselinde Kuipers Humor als wichtige Kommunikationsform. Nach Kuipers ist es schwierig, Kontakt zu jemandem aufzubauen, der andere nie zum Lachen bringt oder nie über sich selbst lacht. Kontakt wird auch dann schwierig, wenn jemand versucht, witzig zu sein, aber die Witze immer irgendwie „schräg" sind. Humor ist dazu da, sich zu amüsieren und um Menschen zum Lachen zu bringen. Humor hat in sozialen Beziehungen die Funktion, gegenseitiges Verstehen auszudrücken, und ist ein Signal für gute Absichten.

Der Sinn für Humor und seine Bewertung sind abhängig von Faktoren wie Herkunft, Erziehung und soziale Umgebung. Darüber hinaus gibt es auch Unterschiede hinsichtlich des Geschlechts, des Bildungsniveaus, des Alters und der gesellschaftlichen Stellung.

Kuipers untersucht die Beziehungen zwischen dem sozialen Hintergrund einer Person und ihrem Sinn für Humor. Die Auswertungen von Gesprächen, Interviews, Fragebögen und Witzen zeigen, dass vor allem das Bildungsniveau und das soziale Milieu für das Verstehen und die Bewertung von Humor bedeutsam sind. Humor hat nicht nur soziale und kulturelle Aspekte. Humor verweist auch auf soziale und moralische Grenzen, auf Tabus und auf die „unpassenden" Themen einer Gesellschaft. Der Humor überschreitet diese Grenzen zwar häufig, markiert sie jedoch gleichzeitig und trägt somit zur sozialen Stabilisierung einer Gesellschaft bei.

Humorverständnis von Menschen mit hohem bzw. niedrigem Bildungsniveau

Wenn ein Mensch die Witze eines anderen nicht oder falsch versteht, liegt das oft an kulturellen Unterschieden. Das zeigt sich deutlich im Fernsehen. Die Witzemacher scheinen vor allem bei Jugendlichen populär zu sein, Moderatoren mehr bei Intellektuellen. Dazu gibt es Volkshumoristen, die besonders von Menschen mit niedrigerem Bildungsniveau geschätzt werden.

Je höher das Bildungsniveau, desto weniger beliebt sind Witze im Allgemeinen. Sie werden als eher peinlich empfunden. Man rümpft die Nase über den Humor der Ungebildeten, findet ihn simpel und vorhersehbar. Gebildete Menschen schätzen vor allem subtilen sprachlichen Humor und beurteilen ihn eher unter ästhetischen und kreativen Aspekten.

Menschen mit niedrigem Bildungsstand dagegen können mehr mit einer einfacheren Art von Humor anfangen, mit schlichtem Volkshumor, bei dem man nicht viel nachdenken muss, der lediglich unterhaltsam ist und Spaß macht. Manche Fernsehunterhalter verwenden diese Art von Humor, der als sehr direkt und geradeheraus gilt. Wenig gebildete Menschen sagen über den

Humor von Intellektuellen, er sei elitär und überschreite häufig die sozialen und moralischen Grenzen, oft auf Kosten anderer Menschen. Aus der Untersuchung von Kuipers geht hervor, dass sich der elitäre und der eher schlichte Humor in Stil, Form, Tonart und Präsentation unterscheiden.

Wie man einen guten Witz macht

Einen guten Witz zu machen ist eine besondere Fähigkeit, schreibt Kuipers, und ob ein Witz gut ist, hängt sehr von der Person des Beurteilenden ab. Ob etwas witzig ist, entscheidet man spontan, fast automatisch, es ist so etwas wie ein Reflex. Menschen finden einen Witz entweder gut oder schlecht, und sie reagieren mit Lachen, wenn er ihnen gefällt.

Jede Art der Kommunikation – also auch die humorvolle – ist

❖ eine soziale Handlung (mit Auswirkung auf Situation und Beziehungen);
❖ eine Form von Selbstdarstellung (man präsentiert sich auf eine bestimmte Weise).

Wer Humor verwendet, sollte berücksichtigen, dass jeder Witz – besonders, wenn darüber gelacht wird – die Kommunikation, beispielsweise ein Gespräch, unterbricht. Das muss nicht unbedingt negativ sein. Die *humorvolle Intervention* verwendet manchmal Witze ganz bewusst als Störung der Kommunikation, um Konfliktsituationen zu unterbrechen oder auch um negative Verhaltensweisen von Klienten zu stoppen oder abzumildern.

Marco macht gern Witze mit den Betreuern. Seine Witze laufen immer auf das Gleiche hinaus. „Was hast du gesagt?",
fragt er jedes Mal, wenn ihm jemand etwas erzählt. Wenn derjenige es dann noch einmal sagt, reagiert Marco mit: „Du wiederholst dich!", und lacht sich scheckig.
Oder er tut so, als wolle er jemandem die Hand geben. In dem Moment, wenn der andere auch seine Hand ausstreckt, zieht

Marco seine weg und dreht eine lange Nase.
Jeder Tag ist für Marco der erste April: „Du hast einen Fleck
auf dem Hemd – haha, April, April!"
Wenn seine Mitbewohner Besuch haben, drängt sich Marco
jedes Mal in den Vordergrund. Bei Besuchern wie Mitbewoh-
nern stößt das nicht immer auf Begeisterung. Marco bemerkt
das nicht, und wenn ihm jemand sagt, er möge doch auch mal
die anderen zu Wort kommen lassen, reagiert er nicht darauf.
Betreuerin Joke hat eine Idee: „He, Marco, entschuldige, dass
ich das sage, aber du hast einen Popel an der Nase." Er-
schrocken verstummt Marco und sucht hektisch nach einem
Taschentuch. „April, April!", ruft Joke und nimmt ihn freund-
lich am Arm. „Jetzt bin ich selber reingefallen", lacht Marco.
Joke hält ihn immer noch am Arm fest: „Gehst du mit mir ein-
kaufen?" Und Marco geht gerne mit.

Joke macht bewusst diesen für Marco verständlichen Witz, um die Kommunikation zu unterbrechen, um Marcos Aufmerksamkeit zu wecken und sein Verhalten zu stoppen. Sie benutzt den Scherz als inkongruente Intervention, um Marco zu bremsen und dazu zu bringen, sich mit etwas anderem zu beschäftigen.

1.6   Der Einfluss des Lachens auf die Gesundheit

Die durch Lachen ausgelöste Spannungsentladung vermindert die Stresshormone im Körper, und das hat eine positive Auswirkung auf die Gesundheit. Untersuchungen haben weitere Wirkungen festgestellt, die das Sprichwort „Lachen ist gesund" voll und ganz bestätigen.

Die Auswirkungen des Lachens auf die körperliche und geistige Gesundheit des Menschen ist ein beliebtes Studienobjekt von Medizinern und Neurobiologen. Einige Forschungsergebnisse werden hier kurz im Überblick beschrieben.

Auswirkungen des Lachens auf chronische Schmerzen

Um die Auswirkungen des Lachens auf Patienten zu beobachten, wurde in einem Krankenhaus ein sechswöchiges Experiment durchgeführt. Dabei stellte sich heraus, dass sich bei Patienten mit chronischen Schmerzen die Schmerzen verringerten und sie weniger Schmerzmittel benötigten, wenn sie häufig lachten. Ein Grund dafür ist möglicherweise, dass ständige Schmerzen mit Anspannung und Angst verbunden sind. Lachen wirkt ablenkend und entspannend.

Auswirkungen des Lachens auf das Immunsystem

Im Rahmen einer anderen Untersuchung wurden bei 21 männlichen Testpersonen Elektroden auf den Lachmuskeln angebracht. Dann wurde ihnen ein lustiger Film und ein neutraler Film gezeigt. Vor und nach dem Ansehen beider Filme wurde jeder Testperson Blut abgenommen. Die Blutwerte zeigten, dass das Immunsystem (die Abwehrkräfte gegen Krankheitskeime) durch einen Anstieg der Immunzellen nach dem lustigen Film verbessert wurde. Ähnliche Untersuchungen zeigten noch weitere günstige Wirkungen auf die Abwehrkräfte. Antikörper wie die sogenannten Zytokine nahmen zu, ebenso die Gesamtzahl der weißen Blutkörperchen.

Auswirkungen des Lachens auf Herz-Kreislauf-Erkrankungen

Eine weitere Untersuchung zeigte, dass der Herzmuskel nach dem Ansehen eines lustigen Films weniger Sauerstoff braucht. Fragebögen, die im Rahmen dieser Untersuchung ausgewertet wurden, ergaben, dass Menschen mit Herz- und Kreislauferkrankungen weniger lachen als gesunde Menschen.

Weitere Auswirkungen des Lachens auf die Funktionen des menschlichen Körpers

Lachen wirkt sich heilsam auf die inneren Organe, die Muskeln und die Haut aus. Einige Beispiele:

* ❖ bessere Versorgung der Lungen mit Sauerstoff;
* ❖ beschleunigter Herzschlag;
* ❖ Senkung des Blutdrucks;
* ❖ das Blut fließt schneller;
* ❖ schnellere Genesung nach Krankheiten;
* ❖ beschleunigte Verdauung;
* ❖ gesunde Gesichtsfarbe;
* ❖ straffere Gesichtsmuskulatur.

Es wird empfohlen, mindestens dreimal täglich sieben Sekunden zu lachen!

1.7 Lachen ist Kopfarbeit

Andere (neurobiologische) Untersuchungen befassten sich in den vergangenen Jahren mit der Rolle des Gehirns beim Lachen. Nachfolgend werden drei davon kurz erläutert.

Das Lachzentrum

Die neurologische Ursache des Lachens wurde im Rahmen einer Untersuchung eines 16-jährigen Mädchens mit schwerer Epilepsie entdeckt. Die Hirnrinde des Mädchens wurde an 85 Stellen elektrisch stimuliert. Bei der Stimulation eines bestimmten Punktes in der Motorrinde (links oben in der Hirnrinde) brach das Mädchen plötzlich in Lachen aus. Je nach Stärke der Stromstöße lächelte sie oder lachte sie laut. Die Motorrinde steuert unter anderem alle Muskeln, die beim Lachen in Aktion sind.

Auf die Frage des Arztes, warum sie lache, nannte sie Dinge, die sie gerade sah: den Gesichtsausdruck eines Anwesenden, ein

Bild, das sie beschreiben sollte, oder irgendetwas anderes. Der äußerliche Anlass zum Lachen (ihre Wahrnehmung) fühlte sich so echt an, dass sie gar nicht merkte, dass sie durch die elektrische Stimulierung zum Lachen gebracht wurde. Das Wesentliche dieses Ergebnisses liegt darin, dass das Lachen des Mädchens künstlich in ihrem Gehirn ausgelöst wurde, während sie selbst es mit den von ihr wahrgenommenen äußeren Eindrücken verband.

Veränderung der Wahrnehmung

Jack Pettigrew von der Universität Queensland präsentierte 2001 seine Forschungsergebnisse über die Veränderung der Wahrnehmung durch das Lachen.

Wenn wir durch ein Fernglas schauen, bei dem sich auf dem rechten Glas horizontale Linien befinden und auf dem linken vertikale, dann sehen wir manchmal ein Gittermuster, aber meistens abwechselnd aufrechte oder liegende Balken. Das Gehirn kann die zwei verschiedenen Bilder nicht zu einem einzigen verarbeiten. Dies ist vergleichbar mit der bekannten Abbildung eines Frauengesichtes, in dem sowohl eine junge, als auch eine alte Frau zu erkennen sind. Man kann nicht beide gleichzeitig sehen, wohl aber eine nach der anderen, wenn man danach sucht oder die Abbildung aus unterschiedlichen Perspektiven anschaut. Bei der Wahrnehmung der beiden Bilder sind abwechselnd die beiden Gehirnhälften aktiv. Pettigrew brachte die Testpersonen, die durch das Fernglas mit den aufgeklebten Balken schauten, zum Lachen. Daraufhin gaben sie an, nun viel öfter ein Gitter zu sehen. Mit anderen Worten: Wenn man lacht, wird der Wechsel zwischen den beiden Gehirnhälften aufgehoben oder findet so schnell statt, dass ein homogenes Bild entsteht. Außerdem ist beim Lachen die positive linke Hälfte aktiver, während bei Stress die rechte Hälfte vorherrscht. Neuere Untersuchungen ergaben, dass bei manisch-depressiven Menschen die Hirnhälften zehnmal seltener gewechselt werden. Ähnliches gilt auch für schizophrene Patienten.

Das Belohnungszentrum im Gehirn

Im Gehirn gibt es ein Belohnungszentrum, das die angenehmen Gefühle auslöst, die wir beispielsweise beim Essen, beim Sex oder beim Genuss von Drogen empfinden.

Gehirnuntersuchungen ergaben, dass Teile dieses Bereichs aktiv werden, wenn man der Testperson Witze erzählt, und dass die Aktivität sich steigert, je lustiger die Betreffenden die Witze finden. Daraus ziehen Wissenschaftler den Schluss, dass diese Gehirnaktivität mit der gefühlsmäßigen Seite des Humors in Zusammenhang steht – ein Scherz gibt einem ein angenehmes Gefühl. Andere Wissenschaftler fanden heraus, dass ein bestimmter Teil des Belohnungszentrums auf Witze und Cartoons reagiert. Dieser Teil ist bei kognitiven Aufgaben aktiv, in unserem Fall beim Erkennen von Bedeutungsverschiebungen und bei der Entscheidung, ob etwas komisch ist oder nicht.

Die genannten Untersuchungen werfen viele Fragen auf, vor allem, wenn man sie miteinander vergleicht.

Während die eine Untersuchung darauf verweist, dass Lachen im Lachzentrum des Gehirns entsteht, betont eine andere Untersuchung, dass es im Gehirn einen kognitiven Faktor gibt, der zum Lachen führt. Ähnlich verhält es sich mit den zuvor aufgeführten theoretischen Konzepten. All dies ist bei der Einführung der humorvollen Intervention mitbedacht worden.

Insgesamt kann man sagen, dass das Entstehen und die Effekte des Lachens seit Langem immer wieder untersucht worden sind.

1.8   Was bedeuten die Theorien für Esthers Umgang mit Caro?

Analysieren Sie die Kommunikation mit Caro (siehe Einleitung) anhand der verschiedenen wissenschaftlichen Theorien.

1 Esther behielt durch ihre unvorhersehbaren Reaktionen die Kontrolle über die Situation.

- Die Inkongruenztheorie;
- die Theorie des sozialen Spiels.

2 Ihre Reaktionen waren spielerisch und hauptsächlich nonverbal, mit einem Lachen und mit einem verständnisvollen Augenzwinkern.
- Nonverbale Kommunikation;
- die Theorie des sozialen Spiels;
- die Theorie sozialer Akzeptanz;
- die Kommunikationstheorie.

3 Esther übertrieb und spiegelte auf humorvolle Art Caros Verhalten.
- Die Inkongruenztheorie;
- Aktivierung des Belohnungszentrums im Gehirn.

4 Esthers verbale Reaktion war offen und ehrlich.
- Die Kommunikationstheorie.

5 Durch ihre Mäusescherze sorgte sie für einen positiven Kontakt zwischen Betreuer und Klientin. Dadurch fühlte sich Caro nicht zurückgewiesen.
- Die Kommunikationstheorie;
- nonverbale Kommunikation;
- die Theorie des sozialen Spiels;
- Einfluss auf das Lachzentrum und auf die beiden Hirnhälften.

6 Durch das Lachen entlud sich bei Caro die aufgebaute Spannung.
- Entladungstheorie.

2 Den Humor auf das Entwicklungs-niveau des Klienten abstimmen

2.1 Einleitung

Menschen mit geistiger Behinderung haben meist kognitive Entwicklungsdefizite, während ihre körperliche Entwicklung vergleichsweise normal verläuft. Für Betreuer oder andere Personen ist es deshalb manchmal nicht einfach, Menschen mit geistiger Behinderung wie Erwachsene zu behandeln, weil sie oft auf sehr kindliche Art und Weise kommunizieren. Ein Beispiel.

Jan und Ineke leben in einer festen Beziehung. Sie verbringen viel Zeit miteinander, schmusen häufig und übernachten regelmäßig zusammen in einem Zimmer.
Ineke hatte schon mehrere Freunde und nimmt die Pille. Für Jan ist dies die erste Beziehung. Er ist vierzig Jahre alt.
Sein Betreuer Erwin hat mit ihm ein Gespräch über Sexualität geführt und erklärt, wie wichtig geschützter Geschlechtsverkehr ist, da man sich sonst mit AIDS infizieren und krank werden kann. Um das zu verhindern, soll Jan Kondome benutzen. Eines Tages bringt Erwin Kondome sowie eine Banane mit. Jan soll üben, selbstständig und sorgfältig ein Kondom über die Banane zu streifen. Jan strahlt, als Erwin ihn lobt. Er klatscht in die Hände und ruft: „Ich kann es, ich kann es!"
Ineke weiß über die Aufklärungslektion, die Jan bei Erwin hatte, Bescheid. Jan hat ihr stolz ein Päckchen Kondome gezeigt.
„Ganz umsonst von Erwin geschenkt gekriegt", sagt er.
Sie sitzen zusammen auf Jans Bett, er hat eine CD eingelegt und beiden ein Bier eingegossen. Ineke küsst ihn auf den Hals und flüstert: „Dann können wir ja heute Nacht heimlich miteinander schlafen, ja?" „Ja", antwortet Jan und drückt Ineke fest an sich.

*Plötzlich steht er auf, bringt seine Kleider in Ordnung und
greift entschlossen nach seinem Portemonnaie.*
„Wo willst du denn hin?", fragt Ineke überrascht.
*„Bananen kaufen", antwortet er. „Ich muss Bananen kaufen,
sonst werde ich krank!"*

Indem er Jan über sicheren Sex aufklärt, zeigt Erwin Respekt vor
Jans körperlichen Bedürfnissen und nimmt sie ernst. Er nimmt
dabei Rücksicht auf Jans geistige Einschränkungen und drückt
sich einfach und leicht verständlich aus. Zusätzlich verdeutlicht
er seine Erklärungen mit der Banane und dem Kondom. Sie üben
Schritt für Schritt, und am Ende beherrscht Jan jeden Handgriff.
Allerdings ist Erwin ganz selbstverständlich davon ausgegangen,
dass Jan genug Vorstellungskraft besitzt, um zu verstehen, dass
die Banane nur „stellvertretend" benutzt wird. Diese Fähigkeit
zur Abstraktion fehlt Jan jedoch. Wie ein zwei- oder dreijähriges
Kind kann er nicht immer zwischen Phantasie und Wirklichkeit
unterscheiden. Ein anderes Beispiel.

Es ist der 5. Dezember, und Erwin soll den Nikolaus spielen.
*Jan sitzt dabei, während er sich verkleidet. Erwin zieht das
weiße Untergewand an. „Wer bin ich?", fragt er.*
„Erwin", antwortet Jan.
*Als Nächstes zieht Erwin den roten Mantel an. „Wer bin ich?",
fragt er wieder.*
Jan sieht ihn zweifelnd an: „Hmmm... Erwin."
Dann setzt Erwin die Mütze auf und wiederholt seine Frage.
„Der Nikolaus", antwortet Jan.
„Nein, ich bin Erwin."
*„Nein, du bist nicht Erwin. Du bist der Nikolaus", wider-
spricht Jan im Brustton der Überzeugung.*

Auch in dieser Situation reagiert Jan wie ein dreijähriges Kind.

Es gibt verschiedene Untersuchungsmethoden, darunter auch IQ-
Tests, mit deren Hilfe man, differenziert nach kognitiven und so-

zial-emotionalen Aspekten, das Entwicklungsniveau von Menschen mit einer geistigen Behinderung bestimmen kann.

Bosch und Suykerbuyk (2007) verweisen auf die folgenden Stufen:

1 Menschen mit leichter geistiger Behinderung:
IQ (Intelligenzquotient) 55 bis 70, Entwicklungsstand von Acht- bis Zwölfjährigen.

2 Menschen mit mittlerer geistiger Behinderung:
IQ 40 bis 55, Entwicklungsstand von Fünfeinhalb- bis Achtjährigen.

3 Menschen mit schwerer geistiger Behinderung:
IQ 20 bis 40, Entwicklungsstand von Drei- bis Fünfeinhalbjährigen.

4 Menschen mit sehr schwerer geistiger Behinderung:
IQ 0 bis 20, Entwicklungsstand von Null- bis Dreijährigen.

Solche Tests werden auf Wunsch des Klienten, der Eltern oder der Betreuer durchgeführt, um das geistige Niveau des Betreffenden festzustellen und anhand dessen zu entscheiden, ob und wie viel Betreuung notwendig ist. Im Allgemeinen wird eher selten getestet, da das Ergebnis zur Stigmatisierung des Klienten führen kann. Die genaue Anpassung der Betreuung auf der Basis objektiver Testresultate wirkt sich jedoch meist positiv für die Klienten aus. So kann beispielsweise verhindert werden, dass Klienten durch Selbstüberschätzung und dadurch, dass sie von anderen Menschen überschätzt werden, immer wieder in Probleme geraten. Die Testergebnisse sind auch hilfreich für Betreuer, um realistische Erwartungen an die Klienten zu stellen und um die Sprache anzupassen. So können negative Erfahrungen vermieden werden.

In der täglichen Arbeit können sich die Betreuer anhand eigener Beobachtungen ein Bild des geistigen Niveaus ihrer Klienten machen und ihr Verhalten entsprechend anpassen.

Das Verhalten der Klienten mit den Entwicklungsstadien von Kindern zu vergleichen ist eine geeignete Methode, um die Betreuung den Fähigkeiten der Klienten anzupassen.

Hätte der Betreuer Jans Entwicklungsniveau richtig eingeschätzt, hätte er deutlich machen müssen, dass die Banane nur
eine stellvertretende Rolle spielte. Zudem hätte er sich vergewis-
sern müssen, dass Jan den Vorgang auch wirklich begriffen hat.
Erwin hat Jan schließlich anhand eines Aufklärungsfilms noch
einmal alles richtig erklärt.

Die Merkmale der geistigen Entwicklung, auf die wir in Kapi-
tel 2.3 noch näher eingehen werden, sind bei der Suche nach den
Ursachen von Betreuungsproblemen eine wichtige Orientierung.
Kinder durchlaufen mehrere Entwicklungsphasen, bis sie das
Erwachsenenalter erreichen. Kinder durchlaufen diese Phasen
unterschiedlich schnell, aber in einer logischen Abfolge vom
Kind zum Erwachsenen.

Bei Erwachsenen mit geistiger Behinderung muss man das
Entwicklungsniveau einschätzen, das eine sehr große Bandbreite
zeigen kann. Jan beispielsweise reagiert sowohl verbal als auch
nonverbal und im Erleben wie ein dreijähriges Kind. Er hat jedoch andere Interessen als ein Kind dieses Alters. Er hat das
Verhalten und die Bedürfnisse eines erwachsenen Mannes: eine
Beziehung, Sex, ab und zu ein Bier. Durch seine Lebenserfahrung und seine Sozialisation hat er sich weit über das Niveau eines dreijährigen Kindes hinaus entwickelt. Das gilt auch für seine motorischen Leistungen.

Humorvolle Interventionen, die Betreuungsprobleme lösen
sollen, müssen die physischen und mentalen Fähigkeiten des
Klienten berücksichtigen.

Im Abschnitt 1.4 wird Humor als freundlicher Kommunikationsstil bezeichnet. Wenn der Betreuer seinen Humor der Erfahrungswelt des Klienten anpasst, wird die freundliche Absicht
meist deutlich. Wichtig ist vor allem, dass Betreuer den Lebens-
stil und die Bedürfnisse der Klienten respektieren.

Offensichtlich entstehen viele Betreuungsprobleme dadurch,
dass Betreuer ihre eigenen intellektuellen Fähigkeiten auf Klienten projizieren und sie damit überschätzen. Betreuer von Menschen mit geistigen Behinderungen haben einen Beruf gewählt,

bei dem simples Denken, Reden und Tun wichtig sind, um eine gute Betreuung zu gewährleisten. Betreuer sollten sich daher ihrer eigenen Persönlichkeit und ihrer intellektuellen Fähigkeiten bewusst sein.

2.2 Unkenntnis – das größte Problem bei der Betreuungsarbeit

Missverständnisse und Kommunikationsprobleme entstehen, wenn Betreuer nicht ausreichend über das Entwicklungsniveau von Klienten informiert sind.

Auch wenn Betreuer ihren Klienten nicht genug Aufmerksamkeit schenken, nicht gut zuhören und Informationen nicht nachprüfen, führt das oft zu Problemen.

Das erforderliche sprachliche Niveau der Kommunikation zwischen Betreuer und Klienten wird sehr häufig falsch eingeschätzt. Der Betreuer sollte seinen eigenen Einsichten folgen, und er sollte versuchen, sich die Fähigkeiten des Klienten immer wieder bewusst zu machen. Man muss die Ursachen von Kommunikationsproblemen herausfinden, um sie auflösen zu können.

In den meisten Fällen denkt der Betreuer schneller als der Klient. Es kann also passieren, dass der Betreuer bereits B sagt und der Klient A noch nicht gedacht hat. Der Betreuer sieht dann bereits den Zusammenhang zwischen A und B, der Klient aber noch nicht.

Das folgende Beispiel beschreibt die guten Absichten eines Betreuers sowie seine Fehleinschätzungen.

Raymond wohnt seit Jahren mit Freude in der betreuten Wohngruppe, doch seit Kurzem hat sich sein Verhalten total verändert. Er hyperventiliert häufig und will nicht mehr arbeiten gehen. Er lacht nicht mehr, sondern sitzt still auf einer Bank oder wird urplötzlich wütend. Das Team ist besorgt und führt mit Raymond Gespräche, um die Ursachen dieser Veränderung herauszufinden. Diese Gespräche verlaufen folgendermaßen:

„Raymond, magst du mir erzählen, ob bei der Arbeit irgendetwas vorgefallen ist, weswegen du nicht mehr hingehen willst?"
„Ja."
„Erzähl mal genauer."
Raymond überlegt, rutscht auf seinem Stuhl hin und her und lacht verlegen.
„Komm, Raymond, erzähl mal, was los ist, ich will dir doch helfen."
Der Betreuer wartet geduldig und sieht, dass Raymond anfängt zu schwitzen.
„Fällt es dir schwer, davon zu erzählen?"
„Ja, schwer", antwortet Raymond.
„Soll ich dir ein bisschen helfen?"
„Ja, helfen." Raymond sieht erleichtert aus.
„Hast du Ärger mit den Kollegen?"
„Ja, Ärger mit Hans und Bas und, äh ... Mariet, Elsje und äh ..." Raymond zählt die Namen aller Kollegen auf. Die Frage des Betreuers, weshalb er mit ihnen Ärger hat, kann er nicht beantworten.
Der Betreuer bleibt geduldig. Raymond greift sich an den Hals.
„Schlucken", sagt er mit ängstlichem Blick.
„Hast du was verschluckt?", fragt der Betreuer besorgt.
„Ja, Nagel."
„Du hast einen Nagel verschluckt?", fragt der Betreuer verblüfft.
„Ja, Nagel verschluckt", nickt Raymond beinahe triumphierend.
„Wann hast du denn den Nagel verschluckt?"
Raymond weiß keine Antwort.
„Heute?", fragt der Betreuer.
„Heute, ja, heute", lautet die Antwort.
„Aber heute warst du gar nicht bei der Arbeit ..."
„Äh ... nicht heute, äh ... Mittwoch."

Der Begleiter merkt, dass er nicht weiterkommt, und ruft Raymonds Meister an. Dieser weiß nichts von Ärger mit den Kollegen oder von einem verschluckten Nagel.

Ihm ist aufgefallen, dass Raymond in letzter Zeit oft nicht zur Arbeit kommt und stiller geworden ist und weniger fröhlich. Raymond arbeitet seit ein paar Wochen gemeinsam mit Hans und Bas in einer neuen Projektgruppe. Es läuft ganz gut, nur muss man Raymond oft antreiben und ihm das Meiste mehrmals erklären.

Der Betreuer fährt mit Raymond ins Krankenhaus. Auf dem Röntgenbild ist kein Nagel zu sehen.

In der darauffolgenden Zeit geht es Raymond immer schlechter. Er wird apathisch und will nicht mehr zur Arbeit gehen. Im Team gibt es verschiedene Vermutungen: Er könnte depressiv sein, und auch Anzeichen von sexuellem Missbrauch werden vermutet.

Eine Betreuerin fragt Raymond ganz direkt nach seinen sexuellen Erfahrungen. Ihr sagt Raymond, Hans habe „schmutzige Sachen" getan. Als ein Kollege nachfragt, bekommt er zur Antwort, Hans habe keine schmutzigen Sachen gemacht.

Das Team bleibt dennoch bei der Vermutung, dass Raymond Opfer sexuellen Missbrauchs ist, und sie versuchen unabhängig voneinander, mehr darüber herauszufinden.

Schließlich wenden sie sich an einen Psychologen, der vorschlägt, Raymonds Entwicklungsniveau zu testen. Der Test ergibt, dass Raymond in vielerlei Hinsicht wie ein zweijähriges Kind reagiert.

In diesem Beispiel waren die Betreuer völlig auf die Suche nach den Ursachen des Problems Arbeitsverweigerung fixiert.

Raymond war offensichtlich nicht in der Lage, sein Problem selber zu benennen. Tatsächlich fühlte sich Raymond von seiner Arbeit überfordert. Das neue Projekt war zu schwierig für ihn. Er wurde ständig auf Fehler hingewiesen, was ihm jeden Spaß an der Arbeit nahm. Er hatte das Gefühl, sich komplett verausgaben zu müssen, um seine Arbeit einigermaßen zu bewältigen.

Das führte dazu, dass er gar nicht mehr zur Arbeit gehen wollte, und wahrscheinlich versuchte er mit dem Wort „Nagel" auszudrücken, wie viel Angst ihm das alles machte. Er war an eine andere, ruhigere Arbeit in seiner tagesstrukturierenden Einrichtung gewöhnt und nicht in der Lage, über dieses Problem zu sprechen. Seine Signale wurden zwar bemerkt, aber falsch interpretiert.

Seine Hilflosigkeit wurde in den Gesprächen mit den Betreuern besonders deutlich. Die Betreuer waren sich nicht darüber im Klaren, dass sie mit ihrer Suche nach den Ursachen das Problem für Raymond verschlimmerten. Sie waren nicht fähig, ihn auf eine Art anzusprechen, die ermöglicht hätte, dass Raymond sein Problem deutlich wurde. Die Betreuer projizierten stattdessen ihr intellektuelles Wissen auf die Situation und setzten voraus, dass Raymond sie verstehen würde. In den Gesprächen fühlte sich Raymond von seinen Betreuern nicht verstanden. Er gab die Antworten, von denen er glaubte, dass sie von ihm erwartet wurden, und die Betreuer nahmen sie auch noch ernst. Eine Änderung von Raymonds Reaktionen wäre möglich gewesen, wenn man die Fragen anders formuliert hätte. Möglicherweise hätte man Raymond auch auf humorvolle Weise provozieren können, nicht um ihn aufzuheitern oder um das Problem zu bagatellisieren, sondern um eine Atmosphäre herzustellen, in der sich Raymond hätte sicherer fühlen können.

2.3 Merkmale der kindlichen Entwicklungsstadien

Bei Kindern gibt es eine wichtige Verbindung zwischen dem Spracherwerb und der kognitiven Entwicklung bzw. der Entwicklung des Denkens. Durch den Spracherwerb können Kinder Lernprozesse durchlaufen, Begriffe erkennen und zuordnen, argumentieren, denken und Probleme lösen, so, wie es ihrer Entwicklungsphase entspricht. Sprache, visuelle Wahrnehmung und sozial-emotionales Bewusstsein wirken in den einzelnen Entwicklungsstadien des Kindes zusammen.

Da viele Menschen mit geistiger Behinderung sich auf dem geistigen Niveau eines Kindes von unter fünf Jahren befinden, werden in diesem Kapitel vor allem die Merkmale dieser frühen Entwicklungsphase beschrieben.

Das Niveau von Menschen mit leichter bis mittlerer geistiger Behinderung ist vergleichbar mit den Entwicklungsmerkmalen Zehn- bis Zwölfjähriger, deshalb wird auch diese Phase erwähnt. Das intellektuelle Niveau von Menschen mit geistiger Behinderung, die sich verbal äußern können und ein gewisses Maß an Selbstständigkeit besitzen, wird häufig von ihren Mitmenschen überschätzt.

Jan beispielsweise (siehe Kapitel 2.1) könnte aufgrund seiner Interessen und seiner Selbstständigkeit durchaus mit einem dreizehnjährigen Jungen verglichen werden, obwohl er in mancher Hinsicht eher auf dem Niveau eines Dreijährigen agiert. Die soziale Umgebung des Klienten, insbesondere die Betreuer, sollte sich dessen bewusst sein. Einschränkungen auf intellektuellem Niveau zeigen sich deutlich, wenn abstraktes Denkvermögen gefordert und beispielsweise ein Problem zu lösen ist.

Man sollte Menschen mit geistigen Behinderungen mit Respekt und entsprechend ihrem Entwicklungsniveau begegnen, damit man sie in ihrer eigenen Erfahrungswelt erreichen kann. Eine respektvolle Betreuung bedeutet, die Kommunikation ernsthaft zu gestalten, nicht aber mit dem gleichen Geplapper zu reagieren, das Erwachsene mit geistiger Behinderung oft von sich geben.

Bei Klienten auf dem intellektuellen Niveau eines Babys kann es passend sein, ihre Äußerungen zu imitieren. Früher wurden diese Menschen als Idioten oder Schwachsinnige abgewertet. Heute werden sie respektvoller als Menschen mit einer schweren geistigen Behinderung bezeichnet.

Es ist typisch für die Kommunikation mit diesen Klienten, dass es die Betreuer erfreut, wenn sie zufriedene Reaktionen auslösen. Ein Betreuer sagte einmal: „Es macht mich sehr zufrieden, wenn ich die Klientin zum Lachen bringen kann und ihr so ein bisschen Lebensqualität verschaffe." Dieser Betreuer tat alles

Erdenkliche, um dieses Ziel zu erreichen. Dabei brabbelte er, gurrte und knurrte. Er bediente sich sehr einfacher Formen von Kommunikation, die man auch bei Babys anwendet und die in manchen Fällen sehr effektiv sein können.

Das Entwicklungsniveau von Babys

Ein Baby ist mit seinen primären Bedürfnissen vollkommen von den versorgenden Erwachsenen abhängig. In dieser Phase steht die direkte Bedürfnisbefriedigung im Mittelpunkt. Ein Baby lässt sich nicht auf später vertrösten.

Die visuelle Wahrnehmung eines Babys beschränkt sich anfänglich auf die Unterscheidung von hell und dunkel. Nach einigen Wochen kann das Baby Einzelheiten wahrnehmen und lacht, wenn es ein Gesicht sieht. Der Kontakt zur Mutter ist in der Säuglingsphase besonders wichtig für die sozial-emotionale Entwicklung. Die Bindung an die Mutter entsteht nicht nur durch die tägliche Versorgung, sondern vor allem durch die körperliche und sinnliche Zuwendung, die sie ihm gibt, durch Zärtlichkeit oder „Kuckuck"-Spielchen beispielsweise. Auch in Beziehung zu anderen Erwachsenen und Kindern ist es wichtig, dem Baby auf solche Art Spaß und Sicherheit zugleich zu verschaffen, weil es so ein Grundgefühl von Sicherheit bekommt und Vertrauen entwickelt. Das Kind muss Emotionen spüren, um sie später erkennen zu können, und es lernt zur gleichen Zeit, mit Emotionen umzugehen. Es lernt durch Sehen, Hören und Befühlen mit Mund und Händen.

Die Sprachentwicklung des Babys beginnt mit etwa zwei Monaten, wenn seine Laute in Lautstärke und Tonhöhe zunehmend stärker variieren. Gegen Ende des ersten Lebensjahres beginnt ein Mensch, erste Worte zu sprechen.

Gemeinsam mit einem Kind Bilderbücher anzuschauen ist für die visuelle und sprachliche Entwicklung, aber auch für die soziale und emotionale Entwicklung überaus förderlich.

Babys lieben motorische Spiele. Sie entdecken ihre Umgebung mit all ihren Sinnen. Die betreuende Person (wieder) zu sehen ist eine positive Erfahrung. Das Baby lacht, wenn es jemanden wiedererkennt, auch wegen des sicheren Gefühls, dass das (Wieder-)Sehen auslöst. Spiele mit Kindern und Erwachsenen ihrer Umgebung verschaffen Babys angenehme Erfahrungen. In dieser Phase interessieren sich Babys besonders für auffälliges, buntes und bewegliches Spielzeug.

Das Verhalten von Menschen mit schweren geistigen Behinderungen kann sowohl Entwicklungsmerkmale des Neugeborenen aufweisen, wie etwa das Verlangen nach unmittelbarer Bedürfnisbefriedigung, als auch die eines etwa einjährigen Kindes, wie eine Reaktion auf das Erkennen einer Bezugsperson. Trotz aller Bemühungen liebevoller Erwachsener kann es sein, dass kein dauerhafter Kontakt mit solchen Klienten herzustellen ist. Möglicherweise bleibt die Sprache auf Babylaute (mit erwachsener Stimme) beschränkt, obwohl der Betreffende mit Blicken durchaus kommuniziert und offensichtlich mehr versteht als ein Baby. Er sieht sich vielleicht mit unbewegter Miene ein Bilderbuch an, während ein Kleinkind dabei sehr viel mehr Aktivität zeigen würde. Auch hier gilt, dass Betreuer durch genaue Beobachtung die richtige Form der Kommunikation herausfinden müssen.

Wenn ein Klient nicht sprechen kann und inhaltlich nicht versteht, was zu ihm gesagt wird, sollte die Kommunikation – wie auch bei Säuglingen – hauptsächlich über die tägliche Versorgung und einfache Spiele stattfinden.

Das Entwicklungsniveau einjähriger Kinder

Die visuelle Wahrnehmung des Kindes wird differenzierter. Es kann Bilder und Gegenstände unterscheiden und reagiert auf diese mit Lauten und gebrabbelten Worten. „Muh" ist die Kuh, und „Tuuut" ist das Auto. Die soziale Entwicklung zeigt sich darin, dass das Kind durch Lachen oder Laute Kontakt aufnimmt und sich anderen mitteilen will. In diesem Alter haben viele Kinder Freude daran, ihren Keks oder ihr Spielzeug mit jemandem zu teilen, aber es macht ihnen auch Spaß, ein Spielzeug wieder und wieder auf den Boden zu werfen. Sie reagieren noch sehr direkt auf Lust- und Unlustgefühle.

Unlustgefühle äußern sich meist durch wütendes oder unglückliches Weinen, denn das Kind kann die Ursachen ja noch nicht mitteilen. Lachen und Zufriedenheit deuten auf Lustgefühle hin. Das Kind ist noch sehr abhängig von der Fürsorge der Eltern und dem Gefühl von Sicherheit, das sie ihm geben. Bei vielen Kindern gibt es in dieser Phase einen Zeitraum, in dem sie „fremdeln", aber zugleich löst sich die symbiotische Beziehung zur Mutter, wodurch sie beginnen, eine eigene Identität zu entwickeln. Nach ungefähr 18 Monaten wendet sich das Kind sensomotorischen Spielen zu, Spielen, die die Sinne durch Tasten, Fühlen und Hören stimulieren. Am beliebtesten sind Spiele mit Wasser, Sand oder Matsch. Das Kind hat es gern, wenn andere mit ihm spielen.

Es lernt zu laufen und macht mit seiner noch unsicheren Motorik immer schnellere Schritte. Wenn man hinter ihm her läuft und so tut, als könne man es nicht einfangen, kräht es vor Vergnügen. Es mag immer noch die Sinne anregenden Spiele, wenn man ein Stofftier wieder und wieder quietschen lässt, oder spielerische Berührungen.

Unter der Woche besucht Ina eine Tagesstätte, aber am Wochenende sitzt sie auf ihrer Bank. Von dort aus kann sie gut die ganze Umgebung überblicken. Manchmal geht sie mit zum Einkaufen, wobei sie am Arm des Betreuers nebenher trottet. Dabei macht sie zufriedene Geräusche. Ihre Sprache beschränkt sich auf das Benennen von Personen und Gegenständen. Immer mal wieder verschlechtert sich ganz unvermittelt ihre Stimmung, und sie fängt dann meist zu weinen an. Sie wiegt sich heftig hin und her, kann aber nicht erklären, was sie so unglücklich macht. Ihre Betreuer haben es auf jede erdenkliche Weise versucht: Sie haben sie tröstend in die Arme genommen, ihr die Nase geputzt, ihr ein Glas Wasser gegeben und sie für eine Auszeit in ihr Zimmer gebracht. Ein Orts-

wechsel scheint sie noch am ehesten zu beruhigen, aber dafür ist nicht immer genug Zeit. Die Betreuer fühlen sich angesichts Inas Kummers hilflos, gleichzeitig empfinden sie ihn als störend und belastend für die Mitbewohner.

Irgendwann hat der Psychologe die Vermutung, dass der Grund für Inas Kummer Langeweile sein könnte. Die Betreuer halten das für möglich, verteidigen sich aber damit, dass ihnen die Zeit fehlt, um ständig mit Ina spazieren zu gehen. Sie könne zwar mit anderen Bewohnern nach draußen gehen, das aber sei nicht ratsam. Um sie zu unterhalten, könne man Ina Musik hören lassen. Sie selbst ergreift keine Initiative zu irgendwelchen Aktivitäten. Die Spiele der Mitbewohner kann sie nicht mitmachen, schon mit einem einfachen Memory ist sie überfordert. Auch zum Zeichnen ist sie nicht in der Lage. Dass Ina sich selbst an- und ausziehen kann, empfinden die Betreuer schon als große Leistung.

Der Psychologe regt an, das Team solle beobachten, in welchen Momenten Ina sich freut und lacht. In der nächsten Sitzung sagt das Team übereinstimmend, dass Ina viel Spaß hat, wenn sie in der Badewanne sitzt und mit den bunten Plastikenten spielt. Ihr gefällt der Badeschaum, und sie liebt es, wenn eine Betreuerin mitspielt und den Badeschaum wegpustet oder ihn ihr aus Spaß auf den Kopf häuft. Sie gluckst vor Lachen, wenn man dann „Schneemann" zu ihr sagt. Sie lacht auch, wenn sie im Garten auf der Schaukel sitzt und der Betreuer ihr Schwung gibt und ihr fröhlich zuruft, dass sie jetzt ganz hoch in die Luft fliegt.

Inas Kummer und Langeweile lassen sich also offenbar am besten durch Aktivitäten vermeiden, die alle ihre Sinne anregen. Also wurden die Betreuung und das Freizeitprogramm darauf abgestimmt. Jeden Nachmittag darf Ina sich in einem schönen warmen Bad vergnügen. Am schönsten findet sie es jedoch, wenn eine Betreuerin dabei ist und mit ihr spielt.

Ina ist mobiler und selbstständiger als ein einjähriges Kind. Ihre visuelle Wahrnehmung, ihre Sprache und ihr Sprachverständnis sind eher die eines älteren Kindes. Die Aktivitäten, die ihr Freude machen, erinnern jedoch mehr an die eines einjährigen Kindes. Vor allem gilt das für die Art, in der sie Freude und Missfallen äußert, sowie für ihre Art der Kontaktaufnahme mit anderen.

Das Entwicklungsniveau zweijähriger Kinder

In diesem Alter betrachtet ein Kind die Welt noch ausschließlich aus seiner eigenen Sicht. Es denkt noch nicht logisch oder abstrakt. Die visuelle Wahrnehmung wird zusehends differenzierter.

Der Wortschatz vergrößert sich, aber er beschränkt sich noch auf das Benennen von Personen, Gegenständen und Tätigkeiten in der nächsten Umgebung: „Papa", „Oma hingefallen". Das Kind beginnt, einfache Fragen zu stellen: „Mama auch?"

Immer öfter äußert das Kind Aufforderungen und Wünsche: „Ball!" Seine ersten Sätze enthalten nur Stichworte: „Papa Schuhe ausziehen." Die motorischen Fähigkeiten verbessern sich.

Die sozial-emotionale Entwicklung zeigt sich unter anderem in der Erkundung des eigenen Körpers.

Das Kind erkennt allmählich, dass es nicht allein auf der Welt ist. Seine Frustrationstoleranz ist noch gering: Es weint oder wird wütend, wenn jemand ihm sein Spielzeug wegnimmt, wenn es warten muss oder mit anderen teilen soll und wenn es nicht bekommt, was es will.

Es gibt erste Äußerungen von Aggressivität – ein anderes Kind wird geschubst oder in Richtung der Mutter wird zum Schlag ausgeholt. Spielerisch entdeckt das Kind die Welt. Es fährt auf seinem Bobbycar, erkennt Figuren, macht die Geräusche einer Maschine oder eines Instrumentes nach, versucht sich die Schuhe anzuziehen und vieles mehr.

Es lernt, was es tun darf und was nicht, versteht Ermahnungen und fängt an, Gesichtsausdrücke zu deuten.

Es beginnt, den Zusammenhang zwischen den Bildern in einem Buch und ihrer realen Bedeutung zu erkennen.

Kees will ständig seinen Kopf durchsetzen, und alles soll möglichst sofort geschehen. Seine Betreuer sagen, er sei eine Nervensäge. Als am Sonntagabend die Zahnpasta alle ist, will er sofort neue kaufen, obwohl die Läden geschlossen sind. Trotz allen Zuredens seitens der Betreuer und dem Angebot, die Zahnpasta eines Mitbewohners zu benutzen, zieht Kees seine Jacke an und schnappt sich das Portemonnaie mit seinem Taschengeld. Die Betreuer lassen ihn gehen, weil sie finden, er soll ruhig aus Erfahrung lernen.

Der Laden gegenüber hat geschlossen, und Kees macht sich auf den Weg zum nächsten. Unterwegs hält er Passanten auf der Straße an und sagt: „Zahnpasta. Laden.“ Man erklärt ihm freundlich, dass die Läden heute geschlossen sind. „Morgen wieder ...“

Nach einer Weile kommt Kees wütend zurück. Es gibt eine Auseinandersetzung mit einem der Betreuer. Damit endlich Schluss ist mit der Quengelei, soll Kees eine Tube Zahnpasta aus der Vorratskammer bekommen, und wenn ihm das nicht passt, kann er nach oben in sein Zimmer gehen, und damit basta. Kees stampft wütend mit dem Fuß auf: „Laden! Zahnpasta!“

Praktikantin Els ergreift die Initiative. Sie holt Zeichenpapier und Buntstifte. „Komm mal, Kees, ich erzähl dir was über die Läden.“ Kees setzt sich neben sie.

Els zeichnet eine Figur und sagt: „Guck mal, die sieht aus wie Kees.“ Dann zeichnet sie eine aufgerollte Tube Zahnpasta: „Die Zahnpasta ist alle.“ Sie zeichnet die ganze Geschichte für Kees auf und benutzt für ihre Erklärung einfache Sätze: „Heute ist Sonntag, und der Laden ist zu.“ Sie zeichnet ein Bett und erklärt: „Kees muss noch einmal schlafen, dann ist der Laden wieder offen. Und Kees kann Zahnpasta kaufen, bevor das Taxi kommt und ihn zur Arbeit abholt. Versteht Kees das?“

Kees nickt, er hat es verstanden.

In diesem Beispiel passt sich Els dem einfachen Kommunikationsstil an, den Kees beherrscht.

Sie benutzt vollständige, aber kurze Sätze, die nur aus den wichtigsten Worten bestehen. Sie versteht, dass Kees kein Zeitgefühl hat und dass ihm das Verständnis für Ursache und Wirkung fehlt: Es ist Sonntag, also sind die Läden geschlossen. Es frustriert ihn, dass er sein Bedürfnis, Zahnpasta zu kaufen, nicht sofort befriedigen kann, und durch die Reaktion der Betreuer eskaliert seine Frustration zu einem Wutausbruch.

Els zeichnet kreative Piktogramme, um die Situation zu entspannen. Das gezeichnete Bett und die Mitteilung, dass er nur noch „einmal schlafen" muss, tun ihre Wirkung. Els hat eine Möglichkeit gefunden, mit Kees auf seinem Niveau zu reden. Sie möchte die Situation mit Humor auflösen, und sie tut das durch Visualisierung und einfache Sprache.

Sie gestaltet die Figur, die Kees darstellen soll, mit ihm gemeinsam als eine Karikatur, die er witzig findet. Mithilfe dieser Figur kann sie einfache Erklärungen abgeben. Die Sprache ist einfach, der Ton und die Körpersprache sind positiv und fröhlich.

Das Entwicklungsniveau dreijähriger Kinder

Ein dreijähriges Kind beginnt, die Übereinstimmungen und Unterschiede in seiner Umgebung zu entdecken und zu benennen. Es lernt, Zusammenhänge wahrzunehmen und zu differenzieren. Es sieht in der Küche die Töpfe und lernt, dass die Töpfe in die Küche gehören. Im Wohnzimmer steht kein Topf. Die Sprache entwickelt sich vom Gebrauch emotionaler, spontaner Mitteilungen zur Beschreibung von Handlungen. Die durchschnittliche Länge von Sätzen und der Wortschatz nehmen zu. Die Wörter werden effizienter und flexibler angewandt. Durch die fortschreitende Sprachentwicklung kann das Kind Zusammenhänge besser verstehen, und durch Erfahrungen mit einer verlässlichen, sicheren Umgebung steigt die Frustrationstoleranz.

Das Kind lernt, dass es unterschiedliche Geschlechter gibt und zeigt, auf seinem Niveau, sexuelle Neugierde. Mit den Spielen will es andere einbeziehen. Zwischen Realität und Phantasie wird noch nicht unterschieden. Normen und Werte seiner Umgebung werden zunehmend übernommen. Das Entwicklungsniveau von Jan (Kapitel 2.1) ist mit dem eines dreijährigen Kindes vergleichbar.

Das Entwicklungsniveau vierjähriger Kinder

Die meisten vierjährigen Kinder gehen in den Kindergarten, wo sie durch Spiele mit anderen Kindern und durch die Informationen der Erzieher in sehr schnellem Tempo lernen. Neue Fertigkeiten, Erkenntnisse und Regeln werden gelernt, und soziale Normen werden wichtiger. Dinge und ihre Funktion werden in Verbindung gebracht, das Verständnis für Zusammenhänge wächst. Auch größere Puzzlespiele werden bewältigt. Die Verwendung von Verben nimmt zu, weil die alltägliche Umgebung differenzierter wahrgenommen wird. Das Kind bildet lange, komplexe Sätze.

Im sozial-emotionalen Bereich wird ein Selbstbild zunehmend deutlicher. Das Kind kann zunehmend besser Entscheidungen treffen. Diese Möglichkeit fördert das Selbstvertrauen.

Die Kreativität des Kindes entwickelt sich. Phantasie und Realität werden besser unterschieden, auch was „echt" und was „unecht" ist. Das Spielen entwickelt sich zum konstruktiven Spiel. Bauen, Zusammensetzen, Ein- und Ausräumen von Dingen machen dem Kind jetzt Spaß.

In dieser Phase werden viele Erfahrungen im Spiel verarbeitet. Das Verständnis für Normen und Werte nimmt zu. Das Kind lernt, was es tun darf und was nicht, und versucht seine Grenzen auszutesten. Ein Clown, der Dinge tut, die falsch oder verboten sind, ist lustig und vor allem spannend.

Durch das Mitbestimmen bei Problemen werden zunehmend selbst Lösungen gefunden.

In dieser Phase kommentieren Kinder sehr häufig ihre Handlungen. Sie hören erst dann auf zu reden, wenn sie ein Problem besser in den Griff bekommen, und reden dann nur noch leise vor sich hin. Informationen oder Erfahrungen können so besser abstrahiert werden.

Betreuer von Menschen mit geistiger Behinderung stellen häufig fest, dass Klienten die Toilette oder ihr eigenes Zimmer aufsuchen, um dort durch Selbstgespräche ihre Gedanken zu ordnen. Im Zuge ihres Erwachsenwerdens haben sie gelernt, dass man in Gegenwart anderer nicht laut denken soll, dessen ungeachtet brauchen sie diese Art verbaler Unterstützung noch. Die Selbstgespräche drehen sich oft um vergangene Ereignisse oder um die Verarbeitung oder Planung bevorstehender Aktivitäten. Ein Klient sagt:

„Dann ziehe ich meine blaue Jacke an, und dann sagt Piet: ‚Wir fahren mit dem Bus.‘ Später klingeln wir bei Annemarie, und ich darf ihr das Geschenk geben, und das finde ich schön, dass ich ihr ein Geschenk geben darf, weil Annemarie krank ist.“

Humorvolle Intervention bei Klienten auf dem Entwicklungsstand von etwa Vierjährigen kann spielerische oder clowneske Methoden beinhalten (vgl. Kapitel 4). Die Betreuer gehen damit auf die Phantasiewelt und die moralischen Vorstellungen des Klienten ein. Wenn der Klient ein ausreichendes Sprachverständnis hat, kann man auch einfache, leicht verständliche Witze oder scherzhafte Bemerkungen machen. Dabei kann der Einsatz von Körpersprache unterstützend wirken.

Roos' Lieblingswerbespot ist der, in dem ein Junge so tut, als wolle er seinen letzten Bonbon einem kleinen Elefanten geben, ihn aber dann doch in den eigenen Mund steckt. „Nannanannana“, trällert er provozierend und macht dem Elefanten eine lange Nase. Als sich Jahre später der inzwischen erwachsene Mann und der Elefant wiedersehen, nimmt der Elefant Rache. Er grabscht sich mit dem Rüssel den letzten Bonbon des Mannes, und im Hintergrund hört man das gleiche provozierende „Nannanannana“.
Seit sie diesen Werbespot gesehen hat, greift sich Roos bei jeder Gelegenheit Dinge, die ihren Mitbewohnern gehören, dreht ihnen eine lange Nase und singt: „Nannanannana.“ Dieser Witz wird nicht immer verstanden und kommt folglich

auch nicht immer gut an. „Roos schnappt sich ständig unsere Sachen und gibt sie nicht zurück", beklagen sich andere Gruppenmitglieder. Und tatsächlich betrachtet Roos die weggenommenen Sachen als ihr Eigentum und will sie nicht mehr herausgeben. Sie weigert sich hartnäckig, und als man sie dazu zwingen will, wehrt sie sich ziemlich aggressiv. Das Team ist der Ansicht, dass Roos lernen muss, was sie tun darf und was nicht. Sie weiß es im Grunde selbst, doch angeregt durch den Werbefilm scheint sie plötzlich zu glauben, es sei erlaubt, anderen etwas wegzunehmen. Das bringt Betreuerin Ivonne auf eine Idee.

Als sie abends in Roos' Zimmer geht, bemerkt sie einen Schlüsselbund und einen Malkasten, die anderen Bewohnern gehören. „Sieh mal einer an", sagt Ivonne zu Roos und dreht ihr mit spöttischem Gelächter eine lange Nase. Dann schnappt sie sich die Sachen der anderen Bewohner und geht zur Tür. „Diese Sachen gehören dir nicht", sagt Ivonne. „Du darfst die Sachen von anderen nicht wegnehmen! Ich gebe sie ihnen jetzt wieder zurück. Du darfst nicht einfach nachmachen, was sie in dem Werbefilm machen – Nannanannana!" Roos guckt verblüfft, dann muss sie aber doch lachen: „Jetzt hast du mich aber erwischt!"

Das Entwicklungsniveau fünfjähriger Kinder

Das fünfjährige Kind beginnt, die räumlichen Verhältnisse seiner Umgebung zu begreifen und sie mit Begriffen wie links, rechts, unten und oben zu benennen. Das erfordert ein gewisses Maß an abstraktem Denkvermögen. Was die Sprachentwicklung betrifft, so wird der Umgang mit Mehrzahlformen und Verben in verschiedenen Zeiten sicherer. Beim Spielen heißt es nicht mehr wie bisher: „Ich tu dann so, als ob ich die Mutter bin", sondern: „Und ich bin dann die Mutter." Das Kind lernt, in der Vergleichsform, Steigerungsform und Verkleinerungsform zu sprechen.

Die Persönlichkeitsentwicklung wird von Dingen wie Imitation und Identifikation, Belohnung und Strafe beeinflusst. Das wird auch im kindlichen Spiel deutlich. Das Kind entdeckt und lernt durch eine Kombination aus Phantasie und Wirklichkeit im Rollenspiel. Es verfügt inzwischen über einen umfangreichen Wortschatz und kann immer besser Gespräche führen, nicht nur in Form von Frage und Antwort, sondern auch auf einem höheren Interaktionsniveau. Da es seine Umgebung immer besser begreift, kann das Kind immer mehr Informationen miteinander in Zusammenhang bringen und kombinieren. Es entwickelt größere Selbstständigkeit. Das Kind ergreift bei der Realisierung seiner Bedürfnisse und bei der Bewältigung alltäglicher Aufgaben häufiger die Initiative. Es weiß zwar noch nicht immer, welche Kleidungsstücke zusammenpassen und der Jahreszeit angemessen sind, aber es weiß recht genau, was es am liebsten anziehen will. Mehr und mehr ist es in der Lage, Situationen richtig einzuschätzen.

„Und wenn ... darf ich dann ...?", ist eine Frage, die es regelmäßig stellt.

Überblick und Verstehen kennzeichnen das abstrakte Denken. Die Abstraktionsfähigkeit eines fünfjährigen Kindes ist inzwischen so weit entwickelt, dass es neben praktischem und spielerischem Lernen auch Übungen machen kann, die abstraktes Denken fördern.

Auf sozial-emotionaler Ebene entwickelt sich beim fünfjährigen Kind das Verständnis für Ursache und Wirkung. Es kann immer klarer ausdrücken, warum es lacht oder wütend ist, und es ist imstande, den Ablauf eines Prozesses in der richtigen Reihenfolge zu beschreiben: „Dann hat er das und das gesagt, und das fand ich nicht schön. Das darf man doch nicht – hat ihm seine Mutter das nicht beigebracht? Ich hab angefangen zu heulen und bin weggerannt, weil ich Angst vor ihm hatte, und das nächste Mal ..." Ein Kind dieses Alters ist aber noch nicht in der Lage, komplexere Beziehungen zwischen Ursache und Folgen herzustellen oder sein eigenes Verhalten mit der Reaktion anderer in Verbindung zu bringen oder diese Vorgänge abstrakt zu benennen.

Ad wird von seinen Betreuern als geistig behinderter Mensch mit guten Fähigkeiten eingeschätzt. Ad ist sehr selbstständig, er kann allein reisen und hat einen guten Job als Bedienung in einem Laden. Er ist ein junger Mann von vierundzwanzig Jahren, und seine Art ist entwaffnend. Bald wird er sogar selbstständig wohnen. Er geht gern aus, sitzt im Café und mag interessante Gespräche. Seine Betreuer freuen sich, dass er so großes Interesse an den Dingen zeigt, die um ihn herum passieren. Die meisten Bewohner wirken eher egozentrisch, fragen nie, wenn beispielsweise jemand aus dem Urlaub zurückkommt, wie es ihm gefallen hat. Ad tut das immer. Es macht Spaß, mit ihm gemeinsamen Interessen nachzugehen, wobei es meist um Musik und Konzerte geht.

Aber Ad hat ein Problem, das ihm über den Kopf zu wachsen droht: Er spielt und hat inzwischen hohe Schulden. Gespräche haben wenig Sinn, weil Ad kein Zahlenverständnis hat und nicht rechnen kann. Es ist zwecklos, sich mit ihm hinzusetzen, seine Schulden auszurechnen und zu besprechen, wie er finanziell wieder auf die Beine kommen kann. Er hört nicht auf die Ratschläge seiner Betreuer. Ihm ist nicht klar, dass er zu verwahrlosen droht und meist schlecht gelaunt ist. Er kann nicht einsehen, dass er sich selbst schadet und er deshalb nicht so bald selbstständig wohnen darf. Der Psychologe der Wohngruppe fragt das Team, welches Alter es Ads Verhalten zuordnen würde. Die Betreuer sind sich darüber einig, dass er sich auf dem Niveau eines etwa fünfzehnjährigen Jugendlichen befindet.

Der Psychologe bestätigt, dass Ad hinsichtlich seiner körperlichen und verbalen Entwicklung und seiner Interessen mit einem Jugendlichen zu vergleichen ist, sein kognitives Niveau sei aber das eines Fünfjährigen, der abstrakte Situationen noch kaum versteht. Ad begreift nicht, welche Folgen sein Spielverhalten für sein zukünftiges Leben haben kann. Die Betreuer müssen also das Denken für ihn mit übernehmen. Zuerst müssen sie durch Gespräche und Beobachtung die Ur-

sachen seiner Spielsucht herausfinden. Und es ist ihre Aufgabe, gemeinsam mit Ad einen Ausweg zu finden. Da Ad keine Einsicht in die Folgen seiner Taten hat, müssen die Betreuer Lösungen für ihn entwickeln.

In diesem Beispiel wird deutlich, wie schwer es für die Betreuer sein kann, Ausmaß und Inhalte einer Betreuung richtig einzuschätzen. Menschen mit geistiger Behinderung zeigen oft kein gleichmäßiges Entwicklungsprofil. Merkmale verschiedener Entwicklungsstadien können sich extrem unterscheiden und gleichzeitig auftreten.

Ad wird in seiner Wohngruppe trotz seiner geistigen Behinderung als „hoch entwickelter" Klient gesehen. Dieser Einschätzung liegen die gute Sprachentwicklung und seine vielfältigen Interessen zugrunde. Die Betreuer lassen sich zu sehr durch dieses Verhalten beeinflussen und vernachlässigen es, seine kognitive Entwicklung genau einzuschätzen. Ads Sprachfertigkeit und sein Sprachverständnis sind unterschiedlich. Das hatten die Betreuer nicht bemerkt.

Merkmale der Entwicklungsstufe von sechs bis zwölf Jahren

Kinder in diesem Alter können ihre Gefühle klarer formulieren. Sie sind nicht mehr so egozentrisch wie im Kleinkindalter und können sich teilweise in andere Menschen einfühlen. Sie können inzwischen gut mit Normen, Werten und Grenzen umgehen, können sich zur Wehr setzen und sich selbstständig um ihre Körperpflege kümmern. Dabei ist aber noch Kontrolle notwendig. Ab dem achten Lebensjahr sind Kinder recht selbstständig.

Das Entwicklungsniveau von Klienten mit mittlerer geistiger Behinderung entspricht den Fähigkeiten von sechs- bis achtjährigen Kindern.

Klienten mit leichter geistiger Behinderung entsprechen dem Entwicklungsniveau von Acht- bis Zwölfjährigen. Auch sie sind schon sehr selbstständig. Sie sind imstande, logisch zu denken, sofern sie darin geschult werden. Diese Behinderung ist kaum zu erkennen. Die Kommunikationsfähigkeit dieser Klienten führt leicht dazu, dass sie überschätzt werden. Betreuer trauen diesen Klienten beispielsweise abstraktes, logisches Denken zu und erwarten von diesen Klienten ein höheres Maß an emotionaler Belastbarkeit. Das kann zu Problemen führen, denn das abstrakte Denkvermögen ist erst um das zwölfte Lebensjahr vollständig entwickelt. Menschen mit geistiger Behinderung erreichen dieses Niveau nicht.

Betreuer sollten alltägliche Situationen nicht abstrakt und auf hohem verbalem Niveau ansprechen, sondern ihr Verhalten den Entwicklungsmustern der Klienten anpassen.

Das Beispiel von Ad zeigt, dass Betreuer manchmal stellvertretend für ihre Klienten nachdenken müssen, um in Problemsituationen Ursache und Wirkung zu analysieren und Lösungen zu finden. Interventionen mit Humor in schwierigen Situationen können Probleme relativieren und somit Einsichten fördern.

Bevor der Betreuer allerdings humorvolle Interventionen durchführt, sollten die möglichen Ursachen eines Problems untersucht werden. Dabei muss auch die Rolle der Betreuer geklärt werden sowie die Einschränkungen des Klienten, die ihn hindern, das Problem selbst zu lösen. Dabei ist es hilfreich, das Entwicklungsniveau des Klienten möglichst genau einzuschätzen.

In der folgenden Übersicht werden die verschiedenen Entwicklungsphasen von null bis fünf Jahren und die dazugehörigen Merkmale noch einmal aufgeführt.

Die Tabelle 1 zeigt, auf welche Weise Menschen mit schwerer geistiger Behinderung Humor erleben und verstehen können. Auch bei Menschen mit mittlerer oder leichter geistiger Behinderung ist die Tabelle anwendbar, nur kann man hier eine bessere Abstraktionsfähigkeit annehmen. Bei Menschen mit schwerer geistiger Behinderung sollte man den Begriff „Humorempfinden" möglicherweise durch „Wohlbefinden" ersetzen, da der Sinn für Humor eine mentale Aktivität voraussetzt, zu welcher diese Klienten in der Regel nicht fähig sind.

2.4 Aufgaben

Beraten Sie das Team der Einrichtung, in der Raymond (siehe Kapitel 2.2) lebt, hinsichtlich Raymonds Problematik und des bestmöglichen Umgangs damit.

1 Erstellen Sie anhand der Theorie über die Entwicklungsphasen eine Einschätzung von Raymonds Entwicklungsniveau.

2 Beschreiben Sie die Fehleinschätzungen von Raymonds Betreuern.

3 Welche Form der Kommunikation würden Sie Raymonds Betreuern empfehlen? Was setzt dieser Betreuungsstil voraus?

4 Haben Sie Vorschläge für einen humorvollen, aber dennoch seriösen Umgang mit Raymonds Problemen?

Tabelle 1: *Entwicklungsphasen und Humorempfinden*

	Visuelle Wahrnehmung	Sprachentwicklung	Sozialemotionale Entwicklung	Humorempfinden
Säugling	• Neugeborene: unterscheiden hell und dunkel • ein Monat: Mutter wird angeschaut /angelacht • sechs bis sieben Monate: kann etwas mit den Augen verfolgen • zehn Monate: „Kuckuck"-Spiele, Bilderbücher anschauen	• zwei Monate: variierende Laute in unterschiedlicher Tonhöhe und Lautstärke • danach unterscheiden sich die Laute durch die Intensität	• Beziehung zur Mutter hauptsächlich in Form von Versorgung: Füttern, Wickeln etc. • Bindung entsteht • sinnliche Wahrnehmung • motorisches Spiel	Sinnliche Wahrnehmung: • hohe Geräusche • spielerische Berührungen • visuelle Spiele mit Mimik oder bunten Gegenständen • Kombinationen aus allem vorher Genannten
1 Jahr	Verfeinerung der oben genannten Entwicklungen	• reagiert auf seinen Namen • plappern • lernt Worte durch deren Geräuschen: Kuh	• sucht sozialen Kontakt durch Lachen, Laute, anderen etwas „schenken" etc. • ab 18 Monaten: sensomotorische Spiele	• lacht beim Spielen mit Wasser, Sand oder anderen weichen Materialien • Wiederholen von eigenem Verhalten • Tanzbewegungen • hochgeworfen werden • Musik/Gesang
2 Jahre	• zunehmende Differenzierung: durch zunehmende Erfahrung bessere Unterscheidung des Gesehenen	• Wortschatz wird umfangreicher, beschränkt sich aber auf Menschen, Dinge und Ereignisse der nächsten Umgebung: Papa, Oma hingefallen etc. • geplapperte Fragen • Kind äußert häufiger Fragen und Bitten: „Ball!" • spricht in Stichworten: „Papa Schuhe ausziehen"	• Forscherdrang, Entdeckung der eigenen Körpers • Kind lernt, dass es nicht allein auf der Welt ist: weint und wird wütend, wenn man ihm Spielzeug wegnimmt, wenn es warten oder teilen muss (Frustrationstoleranz ist noch gering) • spielerisches Entdecken	• herausfordernde Spiele wie weglaufen und gefangen werden • lustige Spiele mit Materialien und Geräuschen • visuelle Scherze in Verbindung mit bestimmten Stichwörtern • fernsehen

	Visuelle Wahr- nehmung	Sprachentwicklung	Sozialemotionale Entwicklung	Humorempfinden
3 Jahre	• entdecken von Unterschieden und Übereinstimmunge n in der Umgebung • lernt, Zusammenhänge zu erkennen	• Entwicklung von emotionalen, spontanen Mitteilungen; Beschreibung von Handlungen • durchschnittliche Satzlänge (Anzahl der Wörter pro Satz) wird größer. Wörter werden effizienter und flexibler angewandt	• Frustrationstoleranz wächst durch die Erfahrung, dass es ein sicheres, verlässliches Umfeld hat. Besseres Verstehen durch wachsende Sprachentwicklung • lernt, dass es geschlechtliche Unterschiede gibt, entwickelt sexuelle Neugier • kennenlernen von Normen und Werten	• einfache, konkrete verbale Komik • sinnhafter Kontakt • spannende Herausforderungen durch visuelle Wahrnehmungen • Interaktion • Komik, die auf Abweichung von Normen beruht
4 Jahre	• kann bestimmte Objekte einem Begriff zuordnen • Erkenntnis, dass bestimmte Dinge zusammengehören	• Verwendung von immer mehr Verben infolge wachsender Differenzierung in der Erfahrungswelt des Kindes • Reihenfolge von Worten und Sätzen verbessert sich	• wachsende Selbstständigkeit, eigene Entscheidungen zu treffen (ohne negative Sanktionen) fördert das Selbstvertrauen • Weiterentwicklung der Kreativität: konstruktives Spiel	• positive Herausforderung: Entscheidungen zu treffen • Phantasie in Spiel und Kommunikation • wahrnehmen und verstehen komischer Gegensätze in Wort und Verhalten
5 Jahre	• bessere Einschätzung räumlicher Verhältnisse mithilfe von Worten wie über, unter, neben etc. • die Position von Dingen wird durch die eigene Position im Raum bestimmt	• sicherere Verwendung von Mehrheitsformen • Verwendung von Vergleichs-, Steigerungs- und Verkleinerungsformen • Verwendung von Verben in unterschiedlichen Zeiten	• wichtigste Phase der Persönlichkeitsentwicklung • Strafe, Belohnung, Nachahmung und Identifikation tragen zu dieser Entwicklung bei • Illusions- und Rollenspiel	• Interaktion in Spiel und Kommunikation • komische Situationen, die sinnliche Wahrnehmung und Sprachverständnis auf einfachem Abstraktionsniveau erfordern

3 Probleme und Lösungen

3.1 Einleitung

Wenn ein Mensch mit geistiger Behinderung durch sein Verhalten in problematische Situationen gerät oder wenn Konflikte mit seiner Umgebung entstehen, wird es schwierig, ohne Hilfe von außen eine Lösung zu finden. Dem Klienten ist das Problem oftmals gar nicht bewusst. Seine kognitiven Fähigkeiten reichen für diese Einsicht nicht aus. Die Selbstständigkeit von Klienten, ihre Kontakte zu anderen Menschen und ihre psychische Gesundheit sind daher großen Belastungen ausgesetzt. Zwischen Wissen, Wollen und tatsächlichem Können gibt es Differenzen. Der Klient muss sich darauf verlassen, dass die Betreuer für ihn mitdenken. Das folgende Kapitel zeigt, worauf es dabei ankommt.

3.2 Betreuungsprobleme aufgrund des Entwicklungsniveaus der Klienten

Die intellektuellen Grenzen des Klienten führen meist zu Schwierigkeiten in der sprachlichen Kommunikation, sowohl beim Sprechen als auch beim Verstehen des Gesagten.

Es kann beispielsweise sein, dass

❖ der Klient nicht die richtigen Worte findet, um sein Problem zu beschreiben;
❖ der Klient die vom Betreuer gebrauchten Begriffe nicht kennt oder der Betreuer sich zu abstrakt ausdrückt;
❖ der Betreuer zu viele Informationen auf einmal gibt, die der Klient aufgrund seiner mangelnden Konzentrationsfähigkeit nicht aufnehmen kann;

❖ der Klient nicht in der Lage ist, die Wichtigkeit von Informationen einzuordnen.

Viele Klienten können zudem Probleme gar nicht wahrnehmen und sind daher auf das *stellvertretende Problembewusstsein* ihrer Betreuer angewiesen. Bei weniger komplexen Problemen oder in ganz konkreten Konfliktsituationen sollten allerdings die Klienten beteiligt werden. Wenn die Betreuer die Fähigkeiten und Grenzen der Klienten kennen, müssen sie nicht alle Probleme selbst in die Hand nehmen (siehe Kapitel 5.4), sondern können Klienten motivieren, selbstständig eine Lösung zu finden. Ein Betreuer kann auch einmal vormachen, wie man am besten mit einem konkreten Problem umgeht.

Auf diese Weise kann das Selbstbewusstsein der Klienten gestärkt werden, weil sie die Erfahrung machen, die Lösung von Problemen selbst beeinflussen zu können. Diese Methode wird auch als positive Manipulation bezeichnet.

Jeden Dienstag hat René Küchendienst in seiner Wohngruppe. Er macht das sehr gern, aber er ist dabei auch immer sehr angespannt. Er hat Angst, dass ihm das Essen missglückt. Er will sich aber auch nicht beim Kochen helfen lassen und sagt, er könne alles allein schaffen. Er ist überfordert und könnte gut Hilfe gebrauchen, beispielsweise bei der Entscheidung, wie viele Kartoffeln geschält werden müssen, und dabei, in welcher Reihenfolge man Gerichte mit unterschiedlicher Garzeit zubereitet, damit alles gleichzeitig auf den Tisch kommt. Meistens müssen die Betreuer am Ende doch noch einspringen, und beinahe jeder Dienstagmittag endet für René mit einem hysterischen Ausbruch, bei dem er aus der Küche stürmt, alles stehen und liegen lässt und frustriert ausruft: „Die doofen, verblödeten Betreuer sollen mich doch in Ruhe lassen, wegen denen geht alles schief, ich kann es viel besser alleine!" Betreuerin Femke begreift, dass die Hilfsangebote des Teams Renés Versagensängste noch verstärken. Sie beschließt, mit ihm gemeinsam nach Möglichkeiten zu suchen, wie sich diese

Eskalation in Zukunft vermeiden lässt (stellvertretendes Problembewusstsein). Sie fragt ihn, was ihn bei seinem Küchendienst am meisten stört.

„Die Betreuer, die sich ständig einmischen", lautet die Antwort.

„Also müssen wir dafür sorgen, dass sie dich allein kochen lassen können. Wir könnten das Problem lösen, indem wir uns Mahlzeiten überlegen, die einfach zuzubereiten sind. Die Betreuer bieten dir Hilfe an, weil sie denken, das Kochen ist zu schwierig für dich. Manchmal war das ja auch wirklich nötig, aber es hat dir nicht gefallen, stimmt's?"

„Genau", knurrt René. „Aber ich weiß eine Lösung", sagt er gleich darauf. „Im Supermarkt gibt es Fertiggerichte für die Mikrowelle. Ich weiß, wie die Mikrowelle funktioniert, und damit kann ich dann ganz allein das Essen für alle warm machen."

„Das ist eine phantastische Idee", findet Femke. „Ich werde dem Team Bescheid sagen, dass du ab Dienstag beim Küchendienst keine Hilfe mehr brauchst, okay?"

Mit Femkes Unterstützung hat René eine konkrete Lösung gefunden, die ihm helfen kann, zukünftig die Probleme der Überforderung beim Küchendienst zu verringern. Das ist wichtig, denn seine Versagensängste und seine Selbstüberschätzung führen auch in anderen Situationen immer wieder zu Konflikten mit sich selbst und mit seiner Umgebung.

Wenn normal begabte Menschen mithilfe von Therapeuten derartige Probleme bearbeiten, werden meist die folgenden Zusammenhänge untersucht:

❖ Beziehung zwischen Ursache und Wirkung (Vergangenheit/ Gegenwart);

❖ Beziehung zwischen Problemsituationen, der direkten Reaktion darauf und dem nachfolgenden Verhalten;

❖ Beziehung zwischen Situationen und Emotionen;

❖ Beziehung zwischen Situationen, Emotionen und körperlichen Reaktionen.

Anschließend entscheidet man sich für die bestmögliche Lösung des Problems bzw. für eine Verhaltensänderung. Dabei ist die Kalkulation des Zeitaufwandes wichtig. Der Zeitbedarf ist von der Geduld aller Beteiligten abhängig, von möglichen Rückschritten und auch von eventuellen Zielkorrekturen.

Für solche therapeutischen Prozesse ist abstraktes Denken erforderlich, denn der Klient muss die Muster und Zusammenhänge seines Problemverhaltens erkennen und einsehen können. Nur dann fühlt er sich akzeptiert und kann neue, positive Erfahrungen machen. Gespräche mit anderen Klienten und mit Menschen seines Umfelds können dabei helfen, sich Probleme „von der Seele zu reden" und sie einzuordnen. In solchen Prozessen ist gegenseitiges Vertrauen wichtig.

Für René ist diese Art von Therapie nicht möglich, denn durch seine geistige Behinderung fehlen ihm die Voraussetzungen für eine Verhaltensänderung: Einsicht und Selbstreflexion. Er ist von den fachkundigen Betreuern seiner Einrichtung abhängig. Seine Betreuer können ihn durch stellvertretendes Problembewusstsein ständig mit seinen Grenzen konfrontieren und es ihm dadurch ermöglichen, im Rahmen seiner Fähigkeiten Veränderungen auszuprobieren, sodass René zunehmend Selbstvertrauen gewinnt und seine Versagensangst abnimmt. René braucht immer wieder positive Bestätigung. Dabei ist auch die Art, wie diese positive Bestätigung vermittelt wird, wichtig. Wenn jemand freundlich, aber in eher neutralem Tonfall zu René sagt, er habe etwas gut gemacht, so wird das weniger Wirkung zeigen, als wenn man ihn fröhlich und expressiv bestätigt. Wie die meisten Menschen mit geistigen Behinderungen lernt auch René am besten durch konkrete Erfahrungen und Wahrnehmungen.

In der Behindertenarbeit gibt es therapeutische Settings für Klienten mit geistiger Behinderung und mit schweren psychiatrischen oder sozial-emotionalen Problemen. Die Therapie beinhaltet vor allem Medikamente, Spieltherapie, Entspannungsmethoden und Veränderung der Tages- und Nachtstrukturen.

Es existieren auch qualifizierte Teams, die Klienten mit geistiger Behinderung bei spezifischen Problemen beraten können. Die Beratung zielt vor allem auf das persönliche Umfeld der Klienten und auf die Möglichkeiten von Betreuern und Pflegepersonen, dem Klienten dabei zu helfen, mit seinen Problemen möglichst selbstständig umzugehen.

Es gibt besondere Einrichtungen, die Klienten mit geistiger Behinderung Hilfe bei der Bewältigung von Sucht- und anderen persönlichen Problemen (u. a. sexueller Missbrauch) anbieten. Diese Beratung ist allerdings nur für Klienten geeignet, die sich verhältnismäßig gut verbal ausdrücken können und die selbstständig Zusammenhänge zwischen Ursache und Wirkung ihrer Emotionen herstellen können.

Für die sprachgewandte Marie war diese Art von Hilfe nicht möglich, da sie durch die Behinderungen ihre Probleme nicht im Gespräch verarbeiten konnte. Das nachfolgende Beispiel basiert auf einer realen Begebenheit. Es zeigt, dass die Hilfe der Betreuer für viele Menschen mit geistiger Behinderung besser ist als eine externe therapeutische Maßnahme.

Marie wurde in der Vergangenheit regelmäßig von einem Onkel sexuell missbraucht, der bei ihren Eltern als Untermieter lebte. Er dominierte die Familie. Wenn er getrunken hatte, gab es Prügeleien zwischen ihm und Maries Vater, und er schlug auch Marie und ihre Mutter. Hinterher bereute er sein Verhalten. Die Eltern ließen ihn weiterhin bei sich wohnen, weil sie sich sagten: „Er braucht unsere Hilfe."

Marie lebte in ständiger Angst vor ihrem Onkel. Er tat ihr weh und drohte, ihre Mutter umzubringen, wenn sie jemandem von den „Spielchen" erzählte, die er mit ihr machte. Es sei ihre eigene Schuld, sie habe selbst damit angefangen, weil sie in sein Bett gekommen sei, um eine Geschichte zu hören.

Marie war oft krank, sie hatte Bauchschmerzen und Blasenentzündungen. Eines Tages erzählte sie einer freundlichen, be-

sorgten jungen Lehrerin von ihrem Onkel. Er sitzt inzwischen im Gefängnis.

Marie lebt gern in ihrer Wohneinrichtung, und auch die Tageseinrichtung, in der sie arbeitet, gefällt ihr gut. Sie ist sehr sozial und liebt es, mit anderen zu schwatzen. Sie spricht und reagiert schnell, sodass sie oft auf einem zu hohen Niveau angesprochen wird. Ihr Sprachverständnis ist eingeschränkt, und es fehlt ihr ein Gefühl für Zeit. Sie kann über konkrete Begebenheiten in der Vergangenheit sprechen, aber sie bringt die Reihenfolge der Ereignisse durcheinander. Sie kann ihre Wünsche sprachlich formulieren, aber wenn ihr gesagt wird, sie müsse auf irgendetwas bis Sonntag warten, ist diese Mitteilung zu abstrakt für sie. Sie versteht auch keine Verhältniswörter und geht nach vorn, wenn man ihr sagt, sie solle nach hinten gehen.

Sie leidet noch immer häufig unter Bauchweh und gerät sehr schnell in Wut. Dann macht sie ihre Sachen kaputt und schreit, dass sie dumm sei und besser tot wäre.

Sitzungen bei einem Psychologen sind erfolglos, da Marie ihre Probleme nicht konkret genug deutlich machen kann. Deshalb wird versucht, Marie im Alltag mit ihrem Problemverhalten zu konfrontieren. Der Psychologe gibt dem Team methodische Ratschläge, wobei es vor allem darum geht, Marie möglichst mit einzubeziehen. Weitere Ratschläge betreffen die verbale Kommunikation mit Marie und die Notwendigkeit, ihr durch Nähe und Körpersprache die nötige Sicherheit und Struktur zu bieten. Diese Beratung wird vom Team gut angenommen.

Als Marie während einer Fernsehsendung über Inzest völlig die Fassung verliert, lässt die Betreuerin sie zunächst heulen und fluchen. Als sie jedoch merkt, dass Marie völlig durchzudrehen droht, sucht sie nach einer Möglichkeit, ihren Ausbruch in Grenzen zu halten, wie es der Psychologe geraten hat. Sie zieht die bitterlich weinende Marie fest an sich, sieht, wie ihr Pullover ganz nass von ihren Tränen wird, und singt:

„Wein alle Tränen in meinen Pulli,
morgen kommt er in die Wäsche,

und wenn er wieder trocken ist,
kommt er sauber in den Schrank."
Marie hört schlagartig auf zu weinen. Sie muss lachen: „Was
für ein komisches Lied", sagt sie und kuschelt sich noch enger
an die Betreuerin.

3.3 Betreuungsprobleme aufgrund der gegenwärtigen üblichen Fürsorgekonzepte

Die heutigen Fürsorgekonzepte stammen aus der humanistischen Psychologie. Die Konzepte basieren auf einer klienten- und bedürfnisbezogenen therapeutischen Arbeit und orientieren sich u. a. an der „Klientenzentrierten Therapie". Carl Rogers, ein amerikanischer Psychotherapeut, hat dieses Konzept in den Fünfzigerjahren entwickelt und angewendet. Er konnte erstmalig in der Geschichte der Psychiatrie die Wirksamkeit und die Ergebnisse seiner therapeutischen Gespräche empirisch nachweisen.

Zuvor wurden in der Psychiatrie wie auch in der Betreuung von Menschen mit geistiger Behinderung hauptsächlich Medikamente eingesetzt. Heute ist Respekt vor der Individualität und Selbstbestimmung des Klienten die Grundlage der Betreuungsarbeit. Dieses Konzept hat in den vergangenen Jahren zu mehr Normalität für die Klienten und zu ihrer Integration in die Gesellschaft geführt.

Dieses Konzept kann jedoch auch Verwirrung stiften. Die Betreuer verlieren leicht die geistigen Einschränkungen ihrer Klienten aus den Augen, wodurch die Klienten in problematische Situationen geraten können.

Wie war es früher?

In der ersten Hälfte des vorigen Jahrhunderts und teilweise auch später unterschied sich die Arbeit mit Menschen, die mit einer geistigen Behinderung leben, nur unwesentlich von der mit psychiatrischen Patienten. Klienten mit geistiger Behinderung und psychiatrische Patienten wurden in großen Einrichtungen, meist außerhalb der Stadt, untergebracht. Sie wurden mit Medikamenten behandelt und von Ärzten und Pflegern versorgt.

Die heutigen differenzierten Interventionen und Möglichkeiten einer angemessenen Versorgung waren damals nicht verfügbar. Die Individualisierung in der Betreuung, die sich in den Sechzigerjahren durchgesetzt hat, verbesserte die rechtliche Situation und damit die Lebensqualität geistig behinderter Menschen. Es entstanden zunehmend kleine Einrichtungen in Wohnvierteln, die den Klienten ein Leben in einem normalen Umfeld ermöglichten.

In dieser Zeit entstanden auch betreute Wohneinrichtungen, in denen jeweils etwa dreißig bis vierzig Bewohner untergebracht waren. Zunächst unterschied man noch zwischen „Jungen-" und „Mädcheneinrichtungen", obwohl die meisten Bewohner Erwachsene waren. Die Klienten lebten in einer Gruppe zusammen und schliefen oft in einem Saal, wobei die Betten durch Vorhänge voneinander getrennt waren, um ein Mindestmaß an Privatsphäre zu gewährleisten. In anderen Einrichtungen teilten sich mehrere Klienten einen Schlafraum. Die Regeln wurden durch die jeweilige Institution aufgestellt und waren für alle Klienten gleich, was oft zu Fehlverhalten führte, da die individuellen Wünsche und Bedürfnisse des Einzelnen kaum berücksichtigt wurden.

Für die Klienten galt: immer zur selben Zeit aufstehen und ins Bett gehen, duschen nach einem festen Plan, Freitagabend für jeden das gleiche Taschengeld und Samstagabend auf die Waage. Auch für das Personal galt ein fester Tages- und Aufgabenrhythmus: Beispielsweise wurde jeden Sonntagabend der Speiseplan für die kommende Woche aufgestellt und eine Einkaufsliste gemacht, und jeden Montag wurden die Medikamentendosen abgefüllt.

Konzepte der humanistischen Psychologie führten seit den Achtzigerjahren zum Entstehen von kleinen Wohneinheiten in „normalen" Wohnhäusern von Städten oder Dörfern.

In jeder dieser Wohnungen lebten ungefähr vier Klienten. Ein gemeinsam geführter Haushalt, ein eigenes Zimmer für jeden und nicht ständig anwesende Betreuer verhalfen den Bewohnern zu mehr Selbstständigkeit. Die Betreuung wurde zunehmend den Bedürfnissen der Klienten angepasst. Die gleichförmigen Zeitstrukturen wurden abgeschafft. Das war schon deshalb nicht anders möglich, da mit dem Personal der bisherigen Einrichtungen die gleiche Anzahl Bewohner, aber verteilt auf mehrere Wohnorte, betreut werden musste. Niemand hatte beispielsweise Zeit dafür, alle Bewohner am Samstag zu wiegen und das Ergebnis schriftlich festzuhalten, wie es davor üblich gewesen war.

Die offensichtlichen Vorteile der Individualisierung fanden die nötige Akzeptanz in der Sozialpolitik, und die heutigen gesetzlichen Anforderungen und Normen für die Unterbringung von Klienten definieren sowohl die Größe als auch die Gruppenstärke pro Einrichtung. Auch die Betreuungskonzepte wurden verändert. Von den Klienten wurde nicht mehr Gehorsam und Respekt gegenüber den Pflegekräften erwartet. Die Betreuer sollen vielmehr respektvoll mit den Klienten umgehen und deren Individualität achten. Die *autoritäre Haltung* gegenüber den Klienten wandelte sich in einen *respektvollen Umgang,* der von den Wünschen und Bedürfnissen der Klienten ausgeht: Alle Menschen verdienen Sorgfalt und Respekt. Jeder Klient hat Entscheidungsfreiheit und ein Mitspracherecht über sein Leben und seine Betreuung.

Diese Sichtweise ist heute in der Behindertenarbeit mehr oder weniger akzeptiert. Die zentrale Frage der Betreuung ist heute, was der Klient will, und daran wird das Hilfeangebot angepasst.

Die Betreuer und die Konzepte der humanistischen Psychologie

Das Recht des Klienten auf Selbstbestimmung und seine Entscheidungsfreiheit stehen oft im Konflikt mit dem Entwicklungsniveau und der psychischen Belastbarkeit des Klienten. Die Betreuer müssen diesen Konflikt im Alltag lösen. Wichtig ist es, ein realistisches Betreuungsangebot zu entwickeln. Dabei kann die Beantwortung der folgenden Fragen helfen:

❖ Inwieweit ist der Klient in der Lage, Folgen seiner Entscheidungen zu überblicken?

❖ Wie sehr ist er dabei von dem *stellvertretenden Problembewusstsein* und der darauf abgestimmten Hilfe Dritter abhängig?

Wenn ein Betreuer den unrealistischen Entscheidungen eines Klienten folgt, ohne zuvor mit *stellvertretendem Problembewusstsein* die eventuellen Konsequenzen geklärt zu haben, entspricht das zwar den Betreuungsgrundsätzen, nicht jedoch dem Wohl des Klienten. Dieser ist vielleicht gar nicht in der Lage, die negativen Folgen seiner Selbstüberschätzung oder zu hoher Erwartungen vonseiten anderer zu überblicken. Dies kann zu erheblichen Problemen führen.

In der Tagesstätte wird Mirjam gefragt, ob sie nicht gern außerhalb der planmäßigen Aktivitäten noch etwas anderes tun möchte. Was könnte ihr Spaß machen? Sie entscheidet sich für „betreutes Arbeiten" in einem Laden. „Fritten verkaufen", wünscht sie sich strahlend. Daraufhin hört man sich um, und bald soll Mirjam zwei Tage pro Woche in einem Schnellimbiss aushelfen.

Die Betreuer aus ihrer Wohngruppe sind von der Richtigkeit dieser Entscheidung nicht überzeugt. „Integration hin oder her", erklären sie, „aber das ist weder für Mirjam noch für den Besitzer des Schnellimbisses eine gute Idee. Sie wird ihm seine Kunden vergraulen."

Grund für diese Befürchtung sind Mirjams unhygienischen Angewohnheiten: in der Nase bohren, kein Taschentuch benutzen, wenn die Nase läuft, und ihre Gewohnheit, ständig mit der Hand zwischen den Beinen dazustehen. „Sie kann sich das nicht abgewöhnen. Wir müssen sie immer wieder daran erinnern, dass sich das in Gesellschaft nicht gehört, aber meist tut sie es trotzdem."

*Die Betreuer in der Tagesstätte wollen Mirjam dennoch eine
Chance geben. Sie hoffen, dass ihre hohe Motivation, in dem
Schnellimbiss zu arbeiten, einen positiven Einfluss auf ihr
Verhalten haben wird, und besprechen mit ihr die notwendi-
gen Hygienevorkehrungen.*

*Voller Begeisterung beginnt Mirjam ihren neuen Job. Jedem,
der es hören wollte, hat sie schon davon erzählt: Der Besitzer
macht die Fritten, und sie darf sie dann in die Tüte schaufeln
und Salz drauf streuen. Aber nach dem ersten Tag kommt sie
schluchzend nach Hause. Große Jungen haben sie ausgelacht
und wollten ihre Fritten nicht.*

*Der Besitzer erzählt später, eine Gruppe Jugendlicher sei he-
reingekommen und habe angefangen zu kichern und herumzu-
albern, als sie Mirjam hinter der Theke entdeckten. Sie wei-
gerten sich, ihr die Fritten abzunehmen, weil sie gesehen hatten, dass Mirjam sich am Po gekratzt hatte, und sie das ekel-
haft fanden.*

*Auch an den folgenden Tagen zeigt sich, dass Mirjam für den
Job nicht geeignet ist, und desillusioniert nimmt sie in der folgenden Woche wieder nur an den Aktivitäten der Tagesstätte
teil.*

In diesem Beispiel war der Initiative der Tagesstätte ein schnel-
les Ende beschieden, auch wenn das für Mirjam eine große Enttäuschung bedeutete. Möglicherweise blieben ihr dadurch noch
größere Enttäuschungen erspart. Unter Umständen kann es auch
falsch sein, dem Wunsch eines Klienten nach selbstständigem
Wohnen außerhalb einer betreuten Wohngemeinschaft zu folgen.
Wenn er, was das Praktische betrifft, gut dazu in der Lage wäre,
nicht aber auf sozial-emotionalem Niveau, besteht die Gefahr sozialer Isolation und psychischer Probleme. Bei vielen Klienten
besteht eine große Diskrepanz zwischen Wunsch und Belastbarkeit. Das kann sich noch verstärken, wenn nur die sekundären
Probleme des individuellen Wohnens bearbeitet werden.

Für den Klienten und seine Betreuer ist es häufig mühevoll
und schmerzhaft einzusehen, dass es besser ist, in eine Einrich-

tung mit einer größeren Zahl Mitklienten und intensiverer Betreuung zurückzukehren.

Eine direktive Betreuung ist nicht mehr zeitgemäß, dennoch brauchen manche Klienten zeitweise oder permanent eine hoch strukturierte Betreuung. Wenn Klienten unter schwerer Unsicherheit, Depression oder verschiedenen Formen destruktiven Verhaltens leiden, brauchen sie eine deutliche Struktur. Klienten mit diesen Problemen können ihr Leben nicht selbst strukturieren. Sie brauchen aber ein Gefühl von Sicherheit, um situativ zu lernen, wenn die Betreuer Entscheidungen treffen und das Verhalten des Klienten lenken. Solche Eingriffe entsprechen nicht dem heutigen Verständnis von Betreuung, sie geben Anlass zu Zweifeln und Diskussionen. Remcos Geschichte ist ein gutes Beispiel für diesen Zwiespalt.

Remco ist meistens fröhlich. Er ist zwanzig Jahre alt, aber sein Verhalten und seine Interessen sind eher die eines Kleinkindes: Er macht immerzu dieselben Späße, er malt gern oder schneidet Sachen aus Papier aus. So kann er sich emsig stundenlang, die Zungenspitze zwischen die Zähne geklemmt, beschäftigen.

Vor dem Einschlafen möchte er gern von den Betreuern etwas vorgelesen haben und ein bisschen kuscheln. Manchmal schlägt Remcos Verhalten aber urplötzlich um. Meist ist das der Fall, wenn sein Vater während Remcos Wochenende zu Hause betrunken war. Oft wird er dann von ihm als „blöder Idiot" und „Schwachkopf" beschimpft.

Für die Betreuer ist das erste Signal, wenn Remco Zigaretten kauft und hinterher Bier oder Obstwein trinkt. Wenn Remco betrunken ist, beschimpft er nun seinerseits die Betreuer als „Idioten" und „Schwachköpfe". Manchmal dauert es Wochen, bis Remco sich wieder beruhigt hat.

Der Psychologe rät den Betreuern, in Zukunft bereits früher einzugreifen, um die Eskalationen zu vermeiden. Sie sollten Remco das Rauchen strikt verbieten, wie man es einem vierjährigen Kind verbieten würde. Remco kann nämlich die Wir-

kungen von Rauchen und Trinken weder begreifen, noch kann er damit umgehen. Er braucht aber Zuwendung, um die Erlebnisse mit seinem Vater verarbeiten zu können, und versucht sie zu bekommen, indem er dessen destruktives Verhalten nachahmt.

Die Betreuer greifen erst ein, wenn die Situation eskaliert, aber dann ist es schon zu spät. Darum der Rat, bereits die erste Zigarette zu verbieten und Remco stattdessen besonders viel positive Zuwendung zu geben. Die Betreuer stehen diesem Vorschlag zunächst skeptisch gegenüber. Remco ist zwanzig Jahre alt: „Wie können wir einem Zwanzigjährigen das Rauchen verbieten? Das ist viel zu autoritär und widerspricht unserer Vorstellung von Betreuung. Wir können ihm das gar nicht erklären: Seine Mitbewohner dürfen schließlich auch rauchen.“

Man entschied sich, dem Vorschlag des Psychologen nicht zu folgen. Es wurde von den Betreuern als negativ empfunden, Remco eine Struktur vorzugeben, die er aber dringend gebraucht hätte. Es wäre in dieser Situation wichtig gewesen, das Betreuungskonzept, das Verhalten und das Entwicklungsniveau des Klienten abzugleichen, um eine positive Veränderung für Remco zu erreichen.

Wenn in der Betreuung Strukturen für den Klienten wichtig werden, kann man trotz der direktiven Intervention dem Klienten Respekt entgegenbringen, ihn aufklären und in freundlicher Weise Grenzen und Ziele zeigen, die er begreifen kann. Der Betreuer muss auch nicht durchgehend direktiv sein, aber er muss entscheiden, was möglich und wünschenswert ist. Der Klient kann durchaus mitentscheiden, wie die notwendigen Strukturen eingerichtet werden.

Im Grunde ist das ähnlich wie bei Eltern, die bestimmen, wann ihr Kleinkind ins Bett gehen muss. Das Kind kann nicht voraussehen, wie sich ein zu spätes Zubettgehen auf den nächsten Tag auswirkt. Die Eltern setzen die Zeit fest, zu der es sich ausziehen und die Zähne putzen soll. Aber es kann selber bestimmen, welche Geschichte es vorgelesen haben möchte und ob das Licht im Flur noch an bleibt oder nicht.

Betreuer Arie sieht, dass Remco sich eine Zigarette angesteckt hat. Er geht zu ihm hinüber und gibt ihm einen gutmütigen Knuff gegen die Schulter. „Na, Remco, warst du wieder bei deinem Vater?"

Remco nickt, und Arie bemerkt, wie unbeholfen und wenig routiniert er an der Zigarette zieht.

„Aber du sollst doch nicht rauchen, das weißt du doch, oder? Und es schmeckt dir nicht einmal, das sehe ich dir an."

„Klar schmeckt es mir", widerspricht Remco unsicher.

„Das glaub ich dir nicht. Und ich habe eine viel bessere Idee. Wenn du mir die Zigaretten gibst, kriegst du von mir das Geld dafür zurück und darfst dir was Schönes aussuchen, was wir zusammen machen."

„Kämpfen", entscheidet Remco ohne Zögern. Gesagt, getan. Sie spielen ein Spiel, bei dem derjenige gewinnt, der den anderen zuerst auf dem Boden festhalten kann. Sie kämpfen, schnaufen, kitzeln sich gegenseitig und haben Spaß. Remco liegt als Erster auf dem Boden, aber das macht ihm nichts aus, und es ist viel schöner als Rauchen.

Hier hat der Betreuer eine eigene Problemlösungsstrategie entwickelt. Man muss sich aber immer die Frage stellen, ob eine Intervention dem Entwicklungsniveau des Klienten entspricht. Dabei wird leicht übersehen, dass der Klient nur sehr eingeschränkt kommunizieren kann und dass er die Problemsituation kaum (oder gar nicht) versteht. Daher sollte man sich an die aktuellen psychotherapeutischen Vorschläge für die Bearbeitung von Problemverhalten halten. Um Fehlentscheidungen zu vermeiden sollte man

❖ nach den Gründen für das Verhalten des Klienten suchen, um ihm seine unbewussten Triebfedern bewusst zu machen (Psychoanalyse);

❖ ein Vertrauensverhältnis schaffen, innerhalb dessen der Klient darüber sprechen kann, wie er selbst seine Probleme, Konflikte und Ängste erfährt. Der Betreuer erklärt dem Klienten, wie dieser durch Übungen, Gespräche und Experimente sein

Verhalten ändern und seine Wahrnehmung verändern kann (Gestalttherapie);

❖ nach den Ursachen und der Bedeutung von (Angst-)Problemen im Leben des Klienten suchen. Der Betreuer analysiert Prozesse und Verhaltensweisen, die das Problem stabilisieren, um dem Klienten dann Schritt für Schritt herauszuhelfen (kognitive Therapie);

❖ die Klienten motivieren, negative Gefühle, die in bestimmten Situationen auftreten, weniger wichtig zu nehmen. Dafür kann man Gefühle im Gespräch mit den Klienten thematisieren (rational-emotionale Therapie).

Der Betreuer hat die Wahl zwischen einer direktiven oder einer nicht direktiven Haltung. Wenn der Klient im Laufe des Gesprächs Problembewusstsein und Problemlösungen entwickeln soll, ist eine nicht direktive Grundhaltung notwendig. Solche Gespräche werden sowohl vom Klienten als auch vom Berater als angenehm empfunden. Eine direktive Haltung des Beraters wird dagegen meist als bestimmend, streng und unfreundlich erlebt und als unvereinbar mit der empathischen Haltung der modernen Betreuungskonzepte.

Aber auch eine direktive Haltung kann positiv und empathisch eingesetzt werden. Was die Klarheit der Kommunikation angeht, kann sie sogar mehr bewirken. Dies hat sich auch an Caros Beispiel in der Einleitung dieses Buches gezeigt.

Mit welcher Haltung und auf welche Weise der Betreuer an das Problem herangeht – in jedem Fall sollte er die Wirksamkeit seiner Methode überprüfen. Das kann bereits während des Betreuungsprozesses geschehen:

❖ Durch Beobachtung:
- Hört der Klient zu?
- Zeigt er Interesse?
- Ist er konzentriert bei der Sache?
- Reagiert der Klient verbal oder nonverbal?

❖ Mit Fragen, die sicherstellen sollen, ob der Klient dem Gespräch folgen kann:
- Kann er wiederholen, was ich zuletzt gesagt habe?
- Kann er beschreiben, worüber wir letztes Mal gesprochen haben?
- Kann er erklären, was dieses Wort bedeutet?

Wenn der Betreuer feststellt, dass der Klient dem Gespräch nicht folgen kann, ist zu überprüfen, ob die Gesprächshaltung verändert werden muss, um das erwünschte Ziel zu erreichen. Möglicherweise kann man dem Klienten auch ohne komplizierte Klärungsgespräche helfen, das Problem besser zu verstehen, und gemeinsam mit ihm eine Lösung suchen, beispielsweise

❖ durch kurze verbale Informationen, Aufgaben oder Bestätigungen (einfache Sätze);
❖ durch mehr nonverbale Kommunikation und Körpersprache;
❖ durch Übungen mit dem Klienten, die eventuell mit kleinen Belohnungen verbunden sind;
❖ durch eine Haltung, die Wärme und Offenheit ausstrahlt.

In der humorvollen Betreuung stehen diese Ansätze im Vordergrund (vgl. Kap. 4).

Der humorvolle Umgang mit den Klienten kann zwar die (unbewussten) Ursachen des Problemverhaltens meist nicht aufdecken, er kann jedoch eine Verhaltensänderung bewirken.

3.4 Problembereiche in der täglichen Arbeit

Der Betreuer empfindet ein Verhalten als problematisch, der Klient nicht

Es kommt vor, dass ein Klient ein ernsthaftes Problem verursacht, sich dessen aber gar nicht bewusst ist, während die Betreuer auf eine Problemlösung drängen. Wenn alle Versuche und Gespräche ohne Ergebnis bleiben, fühlen sie sich machtlos. Diese Machtlosigkeit kann in eine festgefahrene Situation führen, wie das Beispiel des übergewichtigen Piet zeigt.

Piet gibt sein Taschengeld hauptsächlich für Süßigkeiten aus. Er wiegt fast 150 Kilo. Er bewegt sich schwerfällig und schnauft bei der kleinsten Anstrengung. Sein Arzt rät dringend zu einer Diät.
Die Betreuer geben sich alle Mühe, Piet zu motivieren, aber er versteht nicht, worum es geht. Er empfindet es als Strafe, wenn er weniger Süßes essen soll. Dennoch wird versucht, die Diät durchzusetzen. Piets ruhiges Leben wird problematisch. Sein Taschengeld wird um die Hälfte gekürzt, die Betreuer durchsuchen sein Zimmer nach Süßigkeiten und nehmen sie ihm weg.
Abends darf er nicht mehr in die Küche. Die Betreuer ärgern sich ständig über ihn, beispielsweise abends beim Essen Austeilen oder wenn sie ihn doch beim Naschen erwischen. Sie werfen ihm vor, dass er sich nicht an Abmachungen hält und nicht mitarbeitet.

Die Betreuer erwarten zu viel von den Klienten

Betreuer überschätzen oft die Fähigkeit von Klienten, Verantwortung zu übernehmen. Möglicherweise lässt sich der Betreuer durch die Selbstüberschätzung des Klienten täuschen. Er hält seine mangelnde Mitarbeit für Verweigerung oder Bequemlichkeit und spricht ihn darauf an. Manchmal verstärkt das den Konflikt und führt zur Eskalation.

Es wird ein Belohnungsprogramm für Piet entwickelt. Er wird jeden Tag gewogen, und wenn er abgenommen hat, darf er sich zur Belohnung etwas wünschen.
Aber Piet begreift gar nicht, wozu eine Waage gut ist. Er sieht keinen Zusammenhang zwischen einem Tag ohne Süßigkeiten

und dem Wiegen am Abend. Manchmal bekommt er ein Ge-
schenk, nachdem er auf diesem Ding gestanden hat, aber
meistens wird ihm gesagt, dass er schlecht mitarbeitet. Das
versteht er nicht, und es macht ihn unglücklich.

Die Betreuer äußern ihre Hilflosigkeit und Unzufriedenheit gegenüber dem Klienten

Betreuer, die ihre Hilflosigkeit und Unzufriedenheit ausdrücken, vermitteln dem Klienten durch Wortwahl und Intonation, dass er nicht nett, umgänglich und liebenswert ist. Das kann sich negativ auswirken.

Betreuerin Ankie erwischt Piet, als er im Küchenschrank auf
der Suche nach etwas Leckerem herumkramt. „Piet!", schreit
sie ihn laut und zornig an. „Was machst du da? Verdammt
noch mal, wir geben uns hier alle Mühe, dir zu helfen, und du
kannst dich keine fünf Minuten zusammennehmen. Muss ich
jeden Tag bei dir Polizei spielen? Ich habe es so was von satt!
Geh aus der Küche raus, bitte, und zwar sofort!"
Piet starrt Ankie erschrocken an. Er versteht nicht, was los ist.
Sie war immer so nett zu ihm, und jetzt diese wütende Stimme,
diese bösen Blicke.

Der Klient reagiert unerwartet, und das Problemverhalten verstärkt sich

Die Bemühungen, Problemverhalten zu reduzieren, können das Gegenteil bewirken, da der Klient sich gerade mit diesem Verhaltensmuster gut und sicher gefühlt hat. Negatives Verhalten nimmt zu, da der Klient sich durch die veränderte Situation verunsichert fühlt und die Aufmerksamkeit des Betreuers sucht. Er macht die Erfahrung, dass er durch verstärktes Problemverhalten die meiste Aufmerksamkeit bekommt. Auf diese Weise entsteht ein schwer zu durchbrechender Teufelskreis.

*Süßigkeiten sind Piets große Leidenschaft. Er liebt den süßen
Geschmack und das klebrige Gefühl im Mund. Piet und Süßes
gehören zusammen. Er nascht beim Fernsehen und wenn er in
seinem Zimmer Musik hört oder Kummer hat. Ohne dass er
sich dessen bewusst ist, sucht Piet häufig Trost bei Süßigkeiten, und manchmal nascht er auch aus Langeweile. Inzwischen ist das zu einer schlechten Angewohnheit geworden. Als
die Betreuer dieses Verhalten verändern wollen, bekommt Piet
Probleme, er darf aber nicht naschen. Er bekommt weniger
Taschengeld, und die Betreuer sind ständig ärgerlich. Darum
versucht er es „hinten herum", er stiehlt Geld von Mitbewohnern und kauft sich davon Süßes.*

Die Betreuer brauchen viel Betreuungszeit und haben keine Geduld um das Problem zu bearbeiten

Die Hilflosigkeit der Betreuer führt dazu, dass in den Diskussionen über das Problemverhalten eines Klienten viel Energie ver-
geudet wird. In Teamsitzungen werden immer wieder Erfahrungen mit dem Klienten ausgetauscht und neue Methoden bespro-
chen. Unterschiedliche Meinungen und mühsame Entschei-
dungsprozesse führen nicht selten zu Konflikten im Team.

Sowohl die Betreuung als auch die Beratung dieses einen
Klienten verbrauchen zu viel Energie.

Durch zu viel Zeit und Aufmerksamkeit entsteht eine Fixierung auf das Problem

Oft fixieren sich die Betreuer auf das Problemverhalten eines
Klienten und sind dann nur noch mit sich selbst beschäftigt. An
Piets Beispiel wird deutlich, dass nach einiger Zeit nicht mehr die
Diät des Klienten, sondern die Hilflosigkeit der Betreuer zum
Problem geworden ist. Sie sind darauf fixiert, ihr eigenes Pro-
blem zu lösen.

Es werden Sanktionen verhängt, die wirkungslos sind

In der Praxis kommt es vor, dass Betreuer aus Hilflosigkeit mit Sanktionen arbeiten, um wieder Herr der Lage zu werden. Oft beziehen sich diese jedoch gar nicht mehr auf das ursprüngliche Problem, sondern auf das daraus entstandene problematische Verhalten.

Das Belohnungsprogramm wirkt bei Piet nicht. Schlimmer noch: Piet nimmt weiter zu, er erscheint bedrückt und schlecht gelaunt, stiehlt seinen Mitbewohnern Geld und sucht ständig die Aufmerksamkeit der Betreuer, die Piet wiederum ständig im Auge behalten müssen. Piet nervt dauernd mit irgendwelchen unwichtigen Kleinigkeiten. Wenn man ihn wegschickt, bleibt er einfach stehen. Auf der Suche nach einer Lösung schlägt ein Betreuer vor, es ihm mit gleicher Münze heimzuzahlen: „Wenn er nicht weggeht, wenn wir es ihm sagen, bekommt er beim Abendessen nur die halbe Portion ...“

Die Situation eskaliert

Betreuungsprobleme können sich derart zuspitzen, dass es zu einer Eskalation der Situation kommt, zu Wutausbrüchen des Klienten oder eines Betreuers. Es können auch depressive oder andere psychosomatische Reaktionen eintreten.

Manchmal muss der Klient in eine andere Einrichtung überwiesen werden. Betreuer können aufgrund solcher Schwierigkeiten krank werden.

Piet wiegt inzwischen fast 200 Kilo. Sein Verhalten hat sich verändert: Er will nicht mehr zu seiner Arbeitsstelle und bleibt den ganzen Tag im Bett. Er weint viel und hat Wutanfälle. Er wirft seine Sachen aus dem Fenster und kotet manchmal ein. Die Situation wird unhaltbar. Piet wird zur Beobachtung in eine Klinik eingewiesen.

3.5 Organisatorische Probleme in der Betreuung

Beim Umgang mit Problemsituationen sind auch die Normen und Werte einer Einrichtung wichtig, die manchmal Betreuungsprobleme verursachen.

Jeder Betreuer richtet sich bewusst oder unbewusst nach seinen eigenen Normen und Werten. Eine Einrichtung gehört meist zu einer Organisation mit eigener Identität und Kultur. Ein Klient kommt mit seinem Betreuer in Konflikt, wenn sein Verhalten nicht den Erwartungen des Betreuers und der Einrichtung entspricht. Das Verhalten eines Klienten, das lange Zeit nicht problematisch war, kann so zum Problem werden.

Peter ist nicht christlich erzogen worden. Seit Kurzem lebt er aber in einer christlichen Einrichtung. Dort werden auch die nicht christlichen Bewohner aufgefordert, an Aktivitäten mit christlichem Charakter teilzunehmen, am sonntäglichen Kirchgang und an der Bibelstunde am Montagabend. Peter hat sich zur Teilnahme bereit erklärt und sich bisher immer daran gehalten.

Als er eines Tages ankündigt, seine Mutter habe ihn, wie auch in den vorangegangenen Jahren, zum Marathonlauf angemeldet, gibt es ein Problem. Der Marathonlauf bedeutet Peter viel, er trainiert dafür das ganze Jahr über. Die Leitung der Einrichtung aber verbietet ihm nun die Teilnahme, da der Lauf an einem Sonntag stattfindet.

Peters Wunsch findet kein Gehör. Seine Mutter und er sind sehr verärgert darüber. Es folgen Gespräche mit der Leitung und den Betreuern.

Peters Wut und Enttäuschung halten an. Die Betreuer sagen ihm, er solle mit dem Gequengel aufhören, und als er das nicht tut, wird dieses Verhalten zum Problem. Die Situation eskaliert derart, dass Peter nach einem halben Jahr in eine andere Einrichtung wechselt, wo sein Wunsch, am sonntäglichen Marathonlauf teilzunehmen, ohne Weiteres respektiert wird.

Es gibt Studien, Bücher, Methoden und Theorien darüber, wie man sich in festgefahrenen Betreuungssituationen am besten verhält. Dieses Buch informiert über eine Methode, die keine Kenntnisse erfordert, sondern Humor.

Das nächste Kapitel beschreibt, wie Humor in der Alltagspraxis als erfolgreiche Intervention angewendet werden kann.

3.6 Warum entstanden die Probleme in der Betreuung von Caro?

Im Beispiel der Betreuung von Caro, das zu Beginn dieses Buches erwähnt wurde, ist Joris fest entschlossen, mit Caro so umzugehen, wie es das Team beschlossen hatte. Wenn Caro in unpassenden Augenblicken die Aufmerksamkeit der Betreuer fordert, wird ihr erst auf ruhige, freundliche Art erklärt, warum sie gerade ungelegen kommt. Gleichzeitig wird ihr eine Zeit genannt, zu der man ihr die gewünschte Aufmerksamkeit schenken kann.

Beschreiben Sie, wie diese Form der Betreuung Caros problematisches Verhalten verstärkt hat und wie eine negative Wechselwirkung zwischen Caro und den Betreuern entstehen konnte, die zur Eskalation geführt hat.

4 Humorvolle Interventionen in der Betreuungsarbeit

4.1 Einleitung

Lachen ist gesund, und Humor wirkt entspannend.

Humor kann in der Betreuung von Menschen mit geistiger Behinderung vor allem zur Auflösung einer festgefahrenen Situation eingesetzt werden oder bei einer negativen Eskalation der Beziehung zwischen Klient und Betreuer.

Humor kann Klienten und Betreuern helfen, besser mit Problemen umzugehen. Wichtig ist, dass der Klient den Humor des Betreuers versteht und darüber lachen kann.

Dieses Kapitel wurde durch das Buch „Lachen als Lebenseinstellung" des Psychologen Jeffrey Wijnberg inspiriert.

4.2 Menschen mit geistiger Behinderung können Humor verstehen

Das Humorverständnis von Menschen mit geistiger Behinderung ist von ihrem intellektuellen Entwicklungsniveau abhängig. Menschen mit sehr schwerer geistiger Behinderung haben viel Spaß bei Aktivitäten mit direkter sinnlicher Wahrnehmung wie Kitzeln, „Kuckuck"-Spiele, laute, lustige Geräusche u. Ä. Ihre Reaktionen darauf ähneln denen eines Babys.

Menschen mit etwas geringerer geistiger Behinderung lachen über die gleichen Dinge wie Kinder ab etwa drei Jahren: über einen Clown, der Quatsch macht; über jemanden, der absichtlich hinfällt oder etwas fallen lässt; über Fratzenschneiden, Kitzeln usw. Sie lachen über Dinge, die „witzig" sind oder als ungehörig gelten. Sie lachen über sich selbst, wenn sie jemanden nachäffen können, und manchmal auch, wenn man sie selbst imitiert. Sie können noch ganz in ihren Phantasien aufgehen. Manche sind nicht in der Lage, zwischen Wirklichkeit und Phantasie zu unterscheiden, andere können dies sehr wohl. Sie haben die Fähigkeit, kleine Rollenspiele und Theaterstücke aufzuführen, wie sie auch von drei- bis vierjährigen Kindern gern gespielt werden. Mit einem Menschen mit einer geistigen Behinderung, die dem Entwicklungsniveau eines Vierjährigen entspricht, kann der Betreuer Scherze machen, die eigene Entscheidungen des Klienten stimulieren. Er kann auch Techniken anwenden, wie sie in Kapitel 5 beschrieben werden. Die Kommunikationsfähigkeit und den Sinn für Humor des Klienten darf man nicht überstrapazieren.

Ein Mensch mit leichter geistiger Behinderung wird über ulkige Grimassen, Faxen und das Herumgehüpfe von Clowns lachen. Sprachliche Witze verlangen abstraktes Denkvermögen, weil gedankliche Verbindungen zu anderen Situationen, Momenten oder Personen hergestellt werden müssen. Menschen mit einer geistigen Behinderung können diese Form des Humors meist nicht verstehen.

In der täglichen Praxis machen Klienten gern Scherze mit den Betreuern und umgekehrt. Unbemerkt etwas verstecken, das der Betreuer braucht, die Mitbewohner heimlich einweihen und dann den Betreuer überall suchen lassen, das kann jede Menge Spaß bringen. Wenn es sich dabei aber um den Schlüsselbund handelt, der auf keinen Fall verloren gehen darf, kann es sein, dass der Betreuer nicht die geringste Lust verspürt, das Versteckspiel mitzumachen. Darum können die Betreuer den Spaß an kindlichen Scherzen nicht immer teilen und reagieren leicht ärgerlich.

„Wer hat denn nun wieder meinen Schlüsselbund geklaut?", *fragt Jan genervt und schaut die Bewohner prüfend an. Es ist unübersehbar, dass sie sich einen Spaß mit ihm machen. „Pst, pst …", zischelt Ronald seinen Mitbewohnern zu und reibt sich vergnügt die Hände. „Wissen wir nicht", sagt er spitzbübisch, und Monique stimmt ihm fröhlich zu: „Nein, Jan, wir haben nichts gesehen, such mal schön …"* *Jan wird sauer. Er stellt sich vor Ronald hin und hält die Hand auf. „Verdammt noch mal, ich brauche die Schlüssel. Ich muss*

Agnes ihre Tabletten geben, bevor sie gehen muss."
Ronald und Monique kriegen sich vor Lachen nicht mehr ein:
„Haha, viel Spaß beim Suchen, wir wissen nichts!"

Diese Situation kommt wahrscheinlich jedem Betreuer bekannt vor, genau wie das, was Jan hinterher seinen Kollegen gegenüber äußert:

„Ich weiß, dass sie einen Mordsspaß an so etwas haben, aber mich treiben sie damit zum Wahnsinn. Und immer grade dann, wenn ich es eilig habe. Sie sollten doch allmählich wissen, dass es Momente gibt, wo das einfach nicht geht."

Aus der Sicht des Betreuers ist das verständlich. Er vergisst aber, dass es diesen Klienten einzig und allein um den Spaß geht. Ihnen ist nicht klar, dass Jan ein enges Tagespensum abzuarbeiten hat und dass ihr Scherz Jan in Schwierigkeiten bringt. Sie glauben, Jans wütende Reaktionen gehören zum Spiel, und sie haben sogar noch mehr Spaß.

Jan sollte vermeiden, den Humor der Klienten zu bewerten. Er sollte lieber überlegen, in welchen Momenten er wenig Verständnis für ihre Streiche und ihren Humor aufbringen kann. Er sollte weniger ärgerlich reagieren und die Klienten dazu bringen, ihn nicht gerade in Stresssituationen zu ärgern.

Und wo bleibt für Jan der Spaß an der Arbeit? Kann er sich gemeinsam mit seinen Klienten über deren kindliche Logik und Kreativität freuen? Hier ein Beispiel für dieses Verhalten von Klienten:

Mary will unbedingt zum Supermarkt, um Monatsbinden zu kaufen. Es ist aber schon nach Ladenschluss, und man bietet ihr an, Monatsbinden aus dem Vorratsschrank zu nehmen. Sie geht dennoch mit einer Mitbewohnerin zum Einkaufszentrum. Eine Viertelstunde später kommen sie mit einer angebrochenen Packung Monatsbinden zurück!
„Vom Fleischer", verkünden sie strahlend. Die Mitbewohne-

rin berichtet: „Der Supermarkt war zu, aber die Fleischerei nebenan nicht, also wollte Mary da Monatsbinden kaufen, und ich habe ihr gesagt, dass sie da nur Fleisch kaufen kann, aber Mary ging trotzdem rein und stellte sich an, und als sie dran war, sagte sie zur Verkäuferin, dass sie Monatsbinden kaufen will, und die hat gesagt, sie hat welche in der Handtasche, und die hat sie Mary dann gegeben."
Die Betreuer lachen verblüfft. „Na, Mary, das hast du ja gut hingekriegt!" Und Mary lacht zurück: „Ja, da habe ich doch recht gehabt, toll, was?"

Der Betreuer Jan muss sich überlegen, ob er wirklich geeignet ist, humorvolle Interventionen einzusetzen, zumal sie nicht immer zum erhofften Erfolg führen.

Durch die Anwendung von Humor in der Betreuung kann Folgendes erreicht werden:

Angespannte Situationen durch Entspannung wieder in den Griff bekommen

Lachen verringert den Stress, sodass die Anspannung nachlässt. In einer Stresssituation helfen gut gemeinte, ernste Worte oft nicht weiter. Durch eine witzige Bemerkung oder eine Neckerei kann der Betreuer versuchen, auf humorvolle Weise die Situation zu entspannen.

Positiver Kontakt

Wenn Klient und Betreuer gemeinsam über einen Witz oder eine lustige Bemerkung lachen, stellen sie einen positiven Kontakt her, das Selbstwertgefühl des Klienten wird gestärkt wie auch das Selbstbild und Selbstvertrauen.

Lösung struktureller sowie gelegentlich auftretender Probleme

Durch einen Scherz oder eine witzige Bemerkung kann der Betreuer den Klienten dazu anregen, selbst die Lösung für ein Problem zu finden. Wenn kompliziertere, abstrakte Probleme zu lösen sind, kann man durch humorvolle Intervention auf eine Lösung hinarbeiten. Humor setzt eine positive Spirale in der Kommunikation in Gang: Wenn der Betreuer auf positive Art auf den Klienten zugeht, wirkt sich das positiv auf dessen Verhalten aus. Das Problem kann sich dadurch leichter auflösen.

Nico ist dement. Er fragt jeden Tag mehrmals nach, ob er morgen Geburtstag hat. Seine Betreuer können kaum noch die Geduld aufbringen, immer wieder dieselbe Antwort zu geben. Sie haben schon alles Mögliche versucht: Sie haben Nico geduldig erklärt, dass er nicht dauernd fragen muss, weil sie ihm rechtzeitig Bescheid sagen werden, wenn er Geburtstag hat; sie haben den großen Tag im Kalender angekreuzt, ein Belohnungssystem eingesetzt, um sein Gefrage zu beenden, und vieles andere mehr. Nichts davon hat geholfen, und oft verstecken sich die Betreuer förmlich, wenn sie Nico kommen sehen, um der Fragerei zu entkommen. Manchmal werden sie auch wütend und schneiden ihm das Wort ab:
„Nico, ich hab's dir heute schon mal gesagt, und einmal am Tag reicht!"
Er lässt sich nicht abwimmeln, sie schicken ihn weg, woraufhin er verdrossen murmelnd weggeht, auf der Suche nach dem Nächsten, dem er die wichtige Frage stellen kann.
„Ja, tatsächlich, du hast morgen Geburtstag!", antwortet ihm Frits, der noch nicht lange in der Einrichtung arbeitet. Er legt ihm den Arm um die Schultern und grinst ihn fröhlich an. „Soll ich dir schon mal ein Lied singen?", fragt er, „zum Üben? – Zum Geburtstag viel Glück ...", fängt Frits lauthals zu singen an, und Nicos Gesicht beginnt zu strahlen. Die Mitbewohner fallen spontan mit ein, und am Schluss des Liedes versucht Frits, Nico hochzuheben. Nico kreischt und lacht vor Freude.

„Bis zum nächsten Mal, okay?", fragt Frits, als das Lied zu Ende ist. Nico nickt strahlend und geht vor sich hin summend in sein Zimmer zurück.

4.3 Humor als positive Veränderung

Die humorvolle Intervention als spontane Praxis kann ein Mittel sein, um

❖ ein Gefühl von Vertrauen und Verbundenheit herzustellen;
❖ Akzeptanz für Probleme zu erreichen;
❖ Probleme nicht nur verbal, sondern auch durch Körpersprache auszudrücken;
❖ den Klienten zu Aktionen und Reaktionen herauszufordern;
❖ die Konzentrationsfähigkeit des Klienten herauszufordern.

Meist können Klient und Betreuer durch das Lachen buchstäblich wieder besser durchatmen. In Kapitel 1 wurden die positiven gesundheitlichen Aspekte des Lachens ja bereits beschrieben. Es gilt als ausgleichend und emotional befreiend. Bildlich gesprochen wird die Situation ebenfalls „fließender", mit allen damit verbundenen positiven Folgen.

Vertrauen und Verbundenheit mit den Klienten durch Humor herstellen

Miteinander zu lachen kann Gefühle der Verbundenheit und gegenseitiges Vertrauen verstärken. Auch in festgefahrenen Problemsituationen zwischen Klienten und Betreuern ist Humor meist hilfreich. Hilflosigkeit, Ohnmacht und Ärger und endlose ermüdende, ergebnislose Gespräche können durch Lachen aufgelöst werden.

Betreuer und Klient erleben mal wieder eine schöne, fröhliche Situation. Betreuer Frits versucht seinen Kollegen seine spontane, lustige Reaktion auf die Frage von Bewohner Nico zu vermit-

96

teln. Das führt zu einer strukturellen Veränderung der Betreuung dieses Klienten.

„Du hättest sehen müssen, wie er sich gefreut hat, das war herzerwärmend", erzählt Frits in der Teambesprechung. *„Ja, aber du kannst ihm doch nicht sagen, dass er morgen Geburtstag hat, wenn das gar nicht stimmt", wendet ein Kollege ein. „Da belügst du ihn ja praktisch und nimmst ihn nicht ernst."* *„Nein", erwidert Frits, „Er hat das ja am nächsten Tag wieder vergessen. Er ist dement, sein Kurzzeitgedächtnis speichert solche Informationen nicht mehr. Wir können gar nicht nachempfinden, was er denkt und wie er sich fühlt und warum sein Geburtstag so wichtig für ihn ist. Wir hören nur jeden Tag dieselbe Frage und sind genervt. Und ich merke, dass es ihm guttut und ihn beruhigt, wenn ich ihm sage, dass er in der Tat morgen Geburtstag hat, wenn wir zusammen lachen und ein Liedchen singen und sogar mit den anderen Bewohnern ein Geburtstagsbild für ihn malen. Wir haben einfach Spaß zusammen, und das Besondere ist, dass er nach so einem Moment zu mir kommt, um mir zu sagen, was für einen schönen Tag er hatte. Außerdem fragt er dann erst am nächsten Tag wieder nach seinem Geburtstag."* *„Aber du kannst doch nicht jeden Tag so tun als ob und Geburtstagslieder singen und all das", meint der Kollege.* *„Warum nicht?" Erstauntes Achselzucken bei Frits. „Es kostet nicht viel Zeit, und alle haben Spaß dran. Mir macht es nichts aus, es ist keine zusätzliche Belastung, und Nico freut sich wie ein Schneekönig. Es ist für alle, für uns wie für ihn, eine Gelegenheit, mehr Spaß zusammen zu haben."*

Mit Humor ein Problem akzeptieren

Auch über problematische Situationen kann man lachen, das lockert die Fixierung auf das Problem auf und kann Eskalationen verhindern. Selbst bei einem schwerwiegenden Problem kann der

Klient durch Humor einen positiven Kontakt mit dem Betreuer oder einem anderen Klienten herstellen. Der Klient macht die Erfahrung, dass er trotz seines Problems wertgeschätzt wird. Der Klient hat ein Problem, aber er ist kein Problem. Sobald Klienten und Betreuer über sich selbst und das Problemverhalten lachen können, beginnen sie, es zu akzeptieren.

Es besteht der Verdacht, dass Maartje spielsüchtig ist. Sie hat Schulden, sie stiehlt Geld, und man findet sie regelmäßig am Spielautomaten in der Imbissbude.
Maartje selbst leugnet dies aber vehement. Am Abend gibt ihr der Betreuer ihr Taschengeld mit den Worten: „Neues Futter für den Einarmigen Banditen!"
„Was für ein Bandit?", fragt Maartje ganz ernst. Der Betreuer lacht und tut mit den entsprechenden Gesten und Geräuschen so, als ob er eine Münze in einen Spielautomaten wirft und den Hebel bedient.
Maartje versteht, und sie grinst: „Der Bandit müsste zwei Arme haben, dann würde ich vielleicht öfter was gewinnen!"

Der Humor, der in diesem Beispiel deutlich wird, trifft genau den Kern des Problems. Die scherzhafte Bemerkung des Betreuers gibt Maartje die Möglichkeit, ihr Suchtverhalten zu erkennen und zuzugeben. Ein solcher Moment eröffnet neue Möglichkeiten, denn bislang konnte das Team Maartje nicht motivieren, Hilfe zu suchen.

Humor als Möglichkeit, Problemsituationen ohne zu viele Worte aufzulösen

Untersuchungen haben ergeben, dass 70 % der Kommunikation nonverbal stattfindet. Darum sollten Betreuer besonders bei Problemverhalten mit nonverbalen Mitteln wie Körpersprache arbeiten. Außerdem ist es wichtig, die verbalen Botschaften dem geistigen Niveau des Klienten anzupassen.
Humor kann dabei sehr erfolgreich sein, da

- ❖ Interaktion und Redezeit kurz und klar sind;
- ❖ die Wirkung sofort messbar ist: verstehen und lachen;
- ❖ ein Betreuer, der Humor bewusst einsetzt, mehr Nachdruck auf die fröhliche, spielerische nonverbale Kommunikation legen kann als auf den sprachlichen Inhalt.

Piet ist übergewichtig und muss Diät halten. Es fällt ihm aber sehr schwer, sich daran zu halten. Wenn er schlecht gelaunt oder allein in seinem Zimmer ist, tröstet er sich gern mit Süßigkeiten. Wenn er nichts Süßes bekommt, wird seine Laune schlechter. Dann stiehlt er manchmal Süßigkeiten aus dem Küchenschrank. Das geduldige und motivierende Zureden der Betreuer führt zu nichts. Am Ende sind die Betreuer ärgerlich, und Piets Stimmung wird immer schlechter.

Einer der Betreuer bemerkt, dass Piet viel Spaß am Rätselraten hat. Um ihn besonders zu unterstützen, geht er bewusst alle 20 Minuten zu Piet und denkt sich ein Rätsel für ihn aus: „Was steht betrunken auf der Straße?"

Piet muss lachen und ruft: „Ich weiß es! Ich weiß es!"

„Okay, ich komme gleich wieder, und inzwischen denkst du dir ein Rätsel für mich aus."

Für den Betreuer ist diese positive Aufmerksamkeit kein großer Aufwand, aber Piet wird von seiner Lust auf Süßigkeiten abgelenkt. Dieses kleine Spiel mit Piet macht dem Betreuer selbst viel Spaß. Besonders, weil keiner von ihnen jemals die richtige Lösung errät.

„Eine blaue Ampel", verrät der Betreuer, als er wiederkommt. Daraufhin schlägt sich Piet vor Vergnügen auf die Schenkel und ruft lachend: „Ha, eine blaue Ampel gibt's ja gar nicht, nur eine rote und grüne und gelbe! – Ich weiß auch eins: Es ist grün und lacht."

„Ich geh mal drüber nachdenken und komme dann wieder, okay?"

Piet ist einverstanden, und der Betreuer hört ihn beim Weggehen kichern: „Haha, du errätst ja doch nicht, dass es ein lachender Grashalm ist."

Wenn alle Betreuer Piet entspannende Aufmerksamkeit schenken würden, könnte eine negative Kommunikationsspirale verhindert werden. Wenn Piet gern naschen möchte, bekommt er viel Zuwendung. Vorher hatte der Zeiger der Waage bestimmt, ob die Betreuer mit Piets Essverhalten zufrieden waren oder nicht. Das Verhalten des Betreuers im oben genannten Beispiel stellt ein Gleichgewicht zwischen verbaler und nonverbaler Kommunikation her, und der humorvolle Umgang mit Piet vermittelt die positive Einstellung der Betreuer.

Die kleinen Rätsel und das gemeinsame Lachen schaffen eine besondere Verbindung zwischen Betreuer und Klient.

Das Beispiel illustriert gleichfalls das Konzept des „Sozialen Spiels": Gemeinsames Lachen schafft Nähe zwischen Klient und Betreuer. Den Begriff „Soziales Spiel" kann man hier ganz wörtlich verstehen.

Lachen als Aktion und Reaktion beim Klienten

Jede Art von Humor fordert eine Reaktion heraus. Die *humorvolle Intervention* soll den Klienten zum Lachen bringen – er kann diese Aufforderung annehmen oder ignorieren. Wenn der Humor nicht wirkt, muss der Betreuer herausfinden, warum dieser Klient nicht lacht.

Beim Versuch, den Klienten zum Lachen zu bringen, ändert der Betreuer sein Verhalten. Wenn der Klient tatsächlich mit Gelächter reagiert, kann das die Beteiligten aus einer festgefahrenen Situation befreien.

Ein gutes Beispiel hierfür ist Maartje, die spielsüchtige Klientin. Sie muss über die scherzhafte Bemerkung ihres Betreuers lachen, steht zum ersten Mal offen zu ihrer Sucht und macht so ein Gespräch über ihr Problem möglich.

Humor bei eingeschränkter Konzentrationsfähigkeit

Humorvolle Interventionen sollten sich durch kurze, einfache verbale Interaktionen auszeichnen. Der Klient wird so zu unmittelbarer Aktion und Reaktion herausgefordert, ohne die oft beschränkte Konzentrationsfähigkeit der Klienten zu überfordern. Der Klient kann der Kommunikation leicht folgen, wenn sein Interesse wach bleibt. Wenn die humorvolle Intervention des Betreuers nur verbal erfolgt, mit langen, schwierigen Sätzen, kann der Klient nicht reagieren, und er wird gelangweilt gähnend wie ein Kind dabei sitzen.

Auswirkungen humorvoller Interventionen auf den Betreuer

Veränderungen brauchen eine positive Wechselwirkung zwischen Klienten und Betreuer. In festgefahrenen Betreuungssituationen kann Humor die negative Kommunikationsspirale durchbrechen, die Sichtweisen des Klienten verändern und eine neue positive Beziehung ermöglichen. Humorvolle Intervention kann die folgenden positiven Auswirkungen auf Betreuer haben:

❖ Zuwachs an Erfahrung im Umgang mit Problemen/problematischem Verhalten;
❖ das Gefühl von Wertschätzung, Befriedigung aufgrund persönlicher Leistungen;
❖ eine neue (positive) Betreuungsperspektive;
❖ mehr Freude an der Arbeit;
❖ Verminderung der Arbeitsbelastung, denn humorvolle Interventionen kosten nur wenige Sekunden oder Minuten, zeigen aber schnelle Wirkungen;
❖ positive Auswirkungen auf die Gesundheit.

Ein erfahrener Betreuer entscheidet mittels Beobachtung und Erfahrungswerten oft spontan und intuitiv, welche Form von Humor er bei seinen Klienten einsetzen kann. Der Erfolg verstärkt seine Motivation, mit dieser Methode zu arbeiten.

4.4   Noch ein Blick auf Caro

Wenden Sie die in diesem Kapitel genannten Konzepte auf das Beispiel Caro oder auf ein Beispiel aus Ihrer Praxis an.

5 Der Einsatz von Humor in der Praxis

5.1 Einleitung

Humorvolle Intervention berücksichtigt die in Kapitel 4 erläuterten Aspekte. Humorvolle Intervention muss den Kern des Problems treffen, um ausgleichend zu wirken und zur Lösung eines Problems beizutragen. Die Wirksamkeit der humorvollen Intervention hängt entscheidend vom Entwicklungsniveau des Klienten ab. Die nonverbalen Botschaften der Intervention sind ebenfalls wichtig, weil der Klient darauf besonders deutlich reagiert. Nonverbale, humorvolle Kommunikation ist oft ausreichend, um ein gutes Resultat zu erzielen.

5.2 Humorvolle Intervention ist eine wirksame Form der Betreuung

Nicht jedem Betreuer ist es gegeben, Humor situationsgerecht einzusetzen. Humor muss aber nicht immer spontan sein, und humorvolle Intervention bedeutet nicht, dass ein Betreuer ständig witzig sein muss.

Professionelles Verhalten beim Einsatz der humorvollen Intervention ist unbedingt erforderlich.

Jeder Mensch hat einen mehr oder weniger ausgeprägten Sinn für Humor, und das Lachen über lustige Situationen bereichert das Leben. Professionelle Betreuung muss auf die unterschiedlichen Gefühle und Stimmungen der Klienten spontan reagieren können. Ein Betreuer muss einem Klienten, der Kummer hat und weint, spontan Mitgefühl zeigen und ihn tröstend und ermutigend in den Arm nehmen. Das gleiche spontane Verhalten ist erforderlich, wenn ein Klient Gefühle auf humorvolle Art äußert oder wenn man Humor einsetzt, um Probleme zu lösen.

Humorvolle Intervention will vor allem die Klienten zum Lachen bringen. Dabei kann ein Betreuer durchaus den Clown spielen und Faxen machen, es sind aber durchaus auch andere Möglichkeiten denkbar (vgl. Kapitel 5.4). Vor allem durch eine richtige Kombination von nonverbaler und verbaler Kommunikation kann eine humorvolle Situation hergestellt werden. Humorvolle Intervention bedeutet eben nicht, ständig den Witzbold zu spielen. Wichtig ist, Humor sinnvoll einzusetzen. Damit humorvolle Intervention ihren Zweck erfüllt, muss der Betreuer die Anwendung von Humor nicht so vorsichtig abwägen wie andere Methoden, beispielsweise ein nicht direktives Gespräch. Das wichtigste „Werkzeug" eines Betreuers ist die eigene Person.

5.3 Die nonverbale Seite des Humors

Nonverbales Verhalten an sich kann schon humoristisch wirken und in Betreuungssituationen zum gewünschten Ergebnis führen. Eine angespannte Situation kann beispielsweise allein dadurch gelöst werden, dass der Betreuer dem Klienten eine Fratze schneidet.

Sprachliche Interventionen werden oft erst dann als humorvoll und gut gemeint verstanden, wenn man sie durch nonverbales Verhalten verstärkt, wie beispielsweise

❖ Mimik;
❖ Intonation;
❖ Sprechgeschwindigkeit und Pausen;
❖ Blickkontakt;
❖ Handbewegungen;
❖ Fußbewegungen;
❖ Körperhaltung.

Einige Anmerkungen dazu:

Mimik

Eine humorvolle Aussage wird durch einen freundlichen, lachenden Gesichtsausdruck bekräftigt. Man kann auch ganz bewusst einen Gesichtsausdruck aufsetzen, der nicht mit der verbalen Botschaft korrespondiert. Dieser Widerspruch reicht meist schon aus, um Lachen auszulösen.

Eine kleine Übung dazu:
Sagen Sie jemandem in Ihrem Umfeld, dass Sie ihn oder sie sehr nett finden,
a) zuerst mit einem zum Lächeln nach oben verzogenen Mund und danach
b) mit grimmig nach unten verzogenen Mundwinkeln.

Beobachten und beschreiben Sie sowohl die verbale als auch die nonverbale Reaktion Ihres Gegenübers. Machen Sie das auch bei den folgenden Übungen.

Intonation

Intonation bedeutet die Tonhöhe und die Betonung eines Satzes.
Die Intonation ist wichtig für die Interpretation des Satzinhaltes.

Versuchen Sie Folgendes:
Erzählen Sie jemandem eine ernste Geschichte in dem dabei angemessenen Ton.
Danach erzählen Sie derselben Person dieselbe Geschichte in hoher Tonlage oder singend.

Sprechgeschwindigkeit und Pausen

Auch die Geschwindigkeit, mit der man spricht, kann eine humoristische Wirkung haben.

Versuchen Sie Folgendes:

Sagen Sie jemandem auf ruhige Weise, dass es Ihnen nicht gefällt, dass er oder sie immer zu spät kommt und Sie warten lässt. Sagen Sie dann dasselbe noch einmal, aber sprechen Sie so schnell Sie können.

Blickkontakt

Auch der Blickkontakt hat Einfluss auf die verbale Botschaft.

Versuchen Sie Folgendes:

Sagen Sie zu jemandem, dass Ihnen eine bestimmte Verhaltensweise nicht gefällt, und sehen Sie die Person dabei direkt an. Sagen Sie dasselbe noch einmal, aber diesmal mit einem Augenzwinkern.

Handbewegungen

Handbewegungen oder Gesten können die Bedeutung einer Aussage unterstreichen.

Die Verwendung von Gesten ist eine nonverbale Möglichkeit, etwas zu verdeutlichen. Auch Bewegungen mit den Füßen oder anderen Körperteilen können dazu benutzt werden.

Versuchen Sie Folgendes:

Sagen Sie jemandem, er soll weggehen, und lassen Sie Ihre Hände gefaltet im Schoß liegen. Sagen Sie dabei einige Male „Tschüs".

Sagen Sie dasselbe noch einmal, aber winken Sie dabei die ganze Zeit auf übertriebene Weise.

Fußbewegungen

Versuchen Sie Folgendes:

Sagen Sie jemandem, dass es Sie ärgert, ständig auf ihn oder sie warten zu müssen. Stehen Sie dabei aber ganz still.

Sagen Sie dasselbe noch einmal, aber tippen Sie dabei mit dem Fuß auf den Boden, und machen Sie ein lachendes Gesicht.

Körperhaltung

Versuchen Sie Folgendes:
Sagen Sie einer Person, die zwei Meter von Ihnen entfernt ist, dass Sie sie ziemlich drollig finden.
Beim zweiten Mal beugen Sie sich zu dieser Person hin und sagen mit fröhlicher Intonation und mit lachendem Gesicht, dass Sie sie drollig finden.

Bei der Anwendung der humorvollen Betreuung sollte das nonverbale Verhalten also immer deutlich und klar sein. Wenn der Betreuer beispielsweise spielen will, dass er böse ist, kann er zwar grimmige Geräusche machen und böse gucken, aber nonverbal drückt er aus, dass das alles nur ein Spiel ist.

5.4 Humorvolle Interventionstechniken

Unter humorvollen Interventionstechniken versteht man Techniken, die

❖ von den Klienten als lustig empfunden werden;
❖ auf verrückte oder absurde Art Äußerungen, Verhaltensweisen oder Gefühle deutlich machen;
❖ das Irreale oder Absurde von Äußerungen, Verhaltensweisen oder Gefühlen in bestimmten Situationen deutlich machen.

Beispiele für humorvolle Interventionstechniken sind:

Übertreibung

Die Reaktion des Betreuers ist sehr übertrieben: Er lacht oder weint laut, guckt äußerst unzufrieden, seufzt übertrieben und

Ähnliches mehr. Er karikiert ein Gefühl, um das Gegenteil davon zu vermitteln und um so beim Klienten auf spielerische Weise eine Verhaltensänderung zu provozieren.

Bewohner Theo macht verrückte Bemerkungen, die bei einem Betreuer nicht gut ankommen. Der Betreuer sagt ihm das, aber Theo reagiert nicht und quatscht einfach weiter. Der Betreuer fängt an, übertrieben laut zu lachen (d. h., so zu tun als ob) und sich auf die Schenkel zu schlagen. Theo starrt ihn verblüfft an, lacht ein bisschen mit, verwirrt und unbehaglich – aber er hört mit seinem dummen Gerede auf. Der Betreuer lacht nun noch lauter, aber jetzt ganz offensichtlich gekünstelt, und Theo muss, ob er will oder nicht, auch immer heftiger mitlachen.

Die Quasi-Methode

Im zuvor beschriebenen Beispiel zeigt der Betreuer ein übertriebenes und quasi-fröhliches Verhalten. Auf nonverbale Weise macht er deutlich, dass sein Lachen nicht mit seinen tatsächlichen Gefühlen übereinstimmt. Ebenso kann der Betreuer scheinbar ärgerlich, scheinbar gelangweilt oder scheinbar traurig sein.

Dabei ist nicht unbedingt Übertreibung nötig – ein einziger Blick kann genügen. Bei der Quasi-Methode schauspielert der Betreuer ganz bewusst und tut so als ob, um dem Klienten etwas klarzumachen oder ihn zu etwas zu bewegen. Er provoziert ihn.

Piet möchte, dass der Betreuer ihm seine Schnürsenkel bindet. Der Betreuer weiß, dass Piet das selber kann, und darum soll er es auch selbst machen.

„Aber du kannst es viel besser", sagt Piet und hört nicht auf, ihn zu drängeln.

Was der Betreuer auch sagt – Piet macht keine Anstalten und läuft inzwischen Gefahr, zu spät zur Arbeit zu kommen. Seufzend geht der Betreuer in die Hocke und fängt an, an den Schnürsenkeln herumzuzupfen, ohne einen Knoten zustande zu bringen.

„Jetzt weiß ich doch wirklich nicht mehr, wie es geht", sagt er
dann scheinbar dümmlich. Piet, der ihm zuschaut, gibt Anwei-
sungen: „So geht das, der muss nach da."
Der Betreuer versucht, den Anweisungen zu folgen, aber er
macht es falsch. „Ich kapier das nicht!"
„Bist du blöd", seufzt Piet und lacht über die Trotteligkeit des
Betreuers. Er schiebt ihn weg, und dann zeigt er ihm, wie man
es richtig macht.

Die absurde Lösung

Der Betreuer schlägt absurde Lösungsmöglichkeiten vor und regt
den Klienten dadurch an, echte Lösungen zu finden.

Jan hat einen ganzen Schrank voll durchaus tragbarer Klei-
dung. Nächste Woche wird seine Schwester heiraten, und Jan weiß
noch nicht, was er dazu anziehen soll. Er fragt seine Betreu-
erin Ria. Sie zählt ihm einige Kleidungsstücke und Kombina-
tionen auf, die ihr für das Fest geeignet scheinen. Aber Jan hat
an allem etwas auszusetzen und kann sich nicht entscheiden.
Daraufhin schlägt Ria ihm vor: „Zieh doch einfach deine Ba-
dehose an und fertig."
Jan muss lachen: „Haha, ich sehe mich schon auf der Hoch-
zeit in meiner Badehose!"
„Oder frag deine Schwester, ob du ihr Brautkleid anziehen
darfst. Dann halten dich alle für die Braut, und du kriegst
auch noch alle Hochzeitsgeschenke."
Jan muss noch mehr lachen. „Ach nein", sagt er, „dann ziehe
ich doch lieber meinen blauen Anzug an."

Anekdoten erzählen

Ein Problem kann aufgelöst werden, indem der Betreuer eine
Anekdote zum Thema oder auch eine Anekdote über eine ganz
andere Situation erzählt.

Eine Geschichte zu erzählen ist ein gutes Ablenkungsmanöver, um angespannte Situationen aufzulockern. Sie kann auch dazu dienen, dem Klienten etwas begreiflich zu machen oder ihn zu beruhigen.

Jos' problematisches Verhalten ist ein Dauerthema. Er hält nicht viel von Hygiene und verdreckt immer mehr. Alle Gespräche, Sanktionen und Hilfsangebote haben nichts genutzt. Jos zieht sich immer öfter in sein Zimmer zurück, weicht Betreuern und Mitbewohnern aus und isoliert sich immer mehr. Das Team beschließt, das Reinlichkeitsproblem vorerst nicht mehr zu beachten, um den Kontakt und das Vertrauen wiederherzustellen.
Ein Betreuer findet heraus, dass Jos es liebt, wenn man ihm Anekdoten erzählt, Geschichten über lustige kleine Vorfälle aus dem Alltag. Mit dieser indirekten Methode soll Jos wieder in die Gruppe einbezogen werden. Das Anekdoten-Erzählen schafft wieder die lockere und lustige Atmosphäre, die zwischen Jos und seinen Betreuern verloren gegangen war.

Die verrückte Vorhersage

Der Betreuer sagt dem Klienten etwas Absurdes voraus, um sein Verhalten zu beeinflussen.

„Wenn ich du wäre, würde ich heute nicht nach draußen gehen", sagt der Betreuer zu Bas, der ein Hypochonder ist. Er möchte nur, dass Bas schräg gegenüber eine Besorgung macht, er weiß jedoch, dass Bas ständig befürchtet, sich draußen zu erkälten. Es ist aber Hochsommer.
„Warum denn nicht?", fragt Bas ganz erstaunt.
„Weil da draußen ein ganz schrecklicher Schneesturm tobt und du dich bestimmt furchtbar erkälten wirst. Das will ich dir nicht antun", sagt der Betreuer augenzwinkernd.
„Du willst, dass ich einkaufen gehe, stimmt's?", sagt Bas lachend. „Na los, bring mir schon das Portemonnaie!"

Nachahmen, spiegeln

Der Betreuer imitiert das Verhalten seines Klienten, damit dieser sich wiedererkennt. Der Klient lacht darüber und ist nun eher bereit, sein Verhalten zu verändern. Der Betreuer kann negatives Verhalten spiegeln oder auch positives Verhalten nachahmen, um es zu verstärken.

Annie und Greet sind die Klatschbasen der Wohngruppe. Ihre Tratscherei führt öfters zu einigem Ärger.

Bisher ist es ihren Betreuern nicht gelungen, den beiden klarzumachen, dass sie mit ihrem Verhalten andere vor den Kopf stoßen. Dann werden einige Vorfälle der letzten Zeit in der Gruppe nachgespielt – unter Beteiligung der Betreuer und mit den beiden Damen in den Hauptrollen.

Die Vorstellung ist perfekt: Die Betreuer haben wiedererkennbare Situationen ausgewählt und bemühen sich um eine deutliche Körpersprache.

Die Szenen lösen große Heiterkeit bei den Bewohnern aus, und Annie und Greet haben von allen den meisten Spaß. Sie machen sogar Vorschläge, wie sie es noch besser darstellen könnten!

Die Betreuer fragen Annie und Greet, was an dem vorgespielten Verhalten so unschön war. Die beiden können das jetzt benennen. Sie wissen nun auch, welches Verhalten richtig ist. Danach dürfen sie selbst die Situationen nachspielen, und sie machen das wirklich gut. Auf jeden Fall ist an diesem Abend die negative Stimmung in der Wohngruppe wie weggeblasen.

Der Wettkampf: „Kannst du nicht – kann ich doch" oder „Wetten, dass?"

Der Klient wird herausgefordert, etwas zu tun, wovor er Angst hat. Damit kann man faule Ausreden wie beispielsweise „Das kann ich nicht", „Das darf ich nicht" oder „Das ist dumm" überwinden. Wenn der Klient die Herausforderung annimmt, wird die Angst in den Hintergrund gedrängt, und es entsteht mehr Selbstvertrauen.

Sven fürchtet sich vor neuen, unbekannten Situationen und muss immer etwas geschubst werden, um sich zu überwinden. Ermutigende Gespräche haben daran bisher nichts geändert. Wohl aber das folgende Gespräch, das mit einem Augenzwinkern beginnt:
„Sven, auf gar keinen Fall darfst du zu der neuen Nachbarin gehen und sie um ein Ei bitten."
„Darf ich wohl!", erwidert Sven empört.
„Wetten, dass nicht?", lacht der Betreuer.
„Wetten, dass wohl!" Und schon ist Sven aus der Wohnungstür.

Singen statt Reden

Diese Methode funktioniert bei Klienten, die eine niedrige Frustrationstoleranz haben und schnell „einschnappen", wenn man sie auf problematisches Verhalten anspricht.

Bei den Mahlzeiten legt Marcel sich immer als Erster auf, und jedes Mal solche Mengen, dass für die anderen kaum genug übrig bleibt. Wenn die Betreuer ihn daraufhin zurechtweisen, kippt er alles wieder in den Topf zurück und verschwindet wutschnaubend in seinem Zimmer.
Bis eines Tages der Betreuer nichts mehr sagt, sondern zu singen anfängt: „Marcel soll nicht zu viel auflegen, nei-hein, das soll er nicht ...", mit dem Ergebnis, dass Marcel lachen muss, die Kelle hinlegt und die Schüssel weiterreicht.

Die paradoxe Reaktion

Hier erreicht der Betreuer das gewünschte Verhalten beim Klienten, indem er das genaue Gegenteil von dem sagt/fragt, was er eigentlich sagen oder fragen will.

Erna tut immer das Gegenteil von dem, was man ihr sagt. Sie antwortet mit Nein, wenn es eigentlich Ja heißen müsste und umgekehrt. Sie zeigt ernste Verhaltensstörungen und sagt oft zu den Betreuern, sie sei dumm und dass sie sie sicherlich auch dumm fänden. Die Betreuer erklären ihr dann jedes Mal, dass das keineswegs so sei. Das führt dann meist zu einer langen, sinnlosen Diskussion, bei der Erna immer wieder lang und breit behauptet, dass die Betreuer sie ganz sicher für dumm hielten.

Einer Betreuerin gelingt es, diese negative Spirale zu durchbrechen. Sie nimmt Erna fröhlich bei den Schultern und sagt: „Ja, natürlich finde ich dich dumm. Immer sagst du alles umgekehrt, und dann verstehe ich dich nicht. Ich bin dumm, weil du dich dumm stellst. Also sind wir alle beide dumm."

Erna grinst. „Siehst du, du findest mich also doch dumm. Endlich mal jemand, der die Wahrheit sagt."

Die Betreuerin zwinkert ihr zu, als Zeichen, dass sie es nicht ernst meint, und sagt: „Na, dann sind wir ja schon einen Schritt weiter. Und ich kann dir nun schon für die ganzen nächsten Tage im Voraus sagen, falls du mich wieder fragst: Du bist so was von dumm, genau wie ich!"

Dazu stampft sie auch noch mit dem Fuß auf, woraufhin Erna in Gelächter ausbricht.

Durch Späße Kontakt herstellen

Auch ein spontaner Kontakt zwischen Betreuer und Klienten kann im Umgang mit problematischem Verhalten weiterhelfen. Wie so etwas aussehen kann, zeigt das Beispiel von Caro, die so viel Spaß daran hat, ihre Betreuerin Esther mit ihren Mäusestreichen fast zu Tode zu erschrecken. Hier ein anderes Beispiel.

Fernando fürchtet sich vor Stufen. Früher hat man ihn die Treppen hinaufgetragen, aber dazu ist er inzwischen viel zu groß. Er bleibt unten stehen und heult und kreischt hysterisch. Sein Verhalten grenzt an eine Phobie.

Betreuerin Yvonne hat bemerkt, dass Fernando viel Spaß an Clownsnummern im Zirkus oder auch im Fernsehen hat. Jedes

Mal lacht er sich halb kaputt über ihr komisches Auftreten.
Yvonne beschließt, in die Rolle eines Clowns zu schlüpfen und
als solcher Fernando mit seiner Angst vor Treppen zu konfron-
tieren. Sie hofft, ihm auf diese Weise zu helfen, seine Furcht
buchstäblich Schritt für Schritt zu überwinden. Sie setzt sich
eine rote Nase auf und schminkt sich einen schönen großen
Clownsmund.
Kaum dass Fernando sie sieht, lacht er schon los. „Hallo",
begrüßt sie ihn fröhlich. „Du bist Fernando, ja?" Fernando
steckt den Daumen in den Mund und nickt.
„Und du hast Angst vor Treppen, oder?" Fernando nickt wie-
der.
„Ich auch", sagt sie. „Aber ich muss mir von oben mein Ta-
schentuch holen, weil ich weinen muss, aber ich trau mich
nicht." Sie beginnt laut zu weinen. Fernando geht zu ihr, um
sie zu trösten.
„Ist nicht so schlimm. Ich ...ich trau mich auch nicht", ist sei-
ne Reaktion.
„Aber ich muss doch mein Taschentuch holen", sagt Yvonne
schluchzend. Dann sieht sie Fernando fragend an: „Hilfst du
mir? Du musst nicht hoch laufen, aber kannst du mitkommen
und mir einen Schubs geben?"
„Ja, das ...das kann ich wohl machen", antwortet Fernando
heldenhaft. Er geht mit Yvonne zur Treppe, seine Mitbewohner
anfeuernd im Schlepptau. Am Fuß der Treppe angekommen,
hat sich Clown Yvonne schon etwas beruhigt. Sie schaut noch
etwas ängstlich, macht einen kleinen Schritt auf die erste Stufe
– und springt mit einem übertriebenen Satz wieder rückwärts.
„Nein, nein, ich trau mich doch nicht!", ruft sie. Alle lachen.
„Traut ihr euch das?" Alle nicken, nur Fernando schüttelt den
Kopf. Yvonne sieht, dass er nicht weint, wie er es sonst jedes
Mal vor einer Treppe tut.
„Schlimme Treppe, schlimme Treppe ...eine Stufe, ich geh
jetzt eine Stufe rauf", sagt sie beschwörend, und die Umste-
henden rufen ihr Ermutigendes zu. Fernando steht atemlos
dabei, er hat wieder seinen Daumen im Mund. Yvonne stellt ei-

nen Fuß auf die unterste Stufe – und springt schnell wieder zurück. „Oh, oh, so eine schlimme Treppe", ruft sie wieder. „Und jetzt noch mal. Fernando, willst du's auch mal versuchen?" Fernando schüttelt heftig den Kopf. „Recht hast du", sagt sie zustimmend. Dann bricht sie das Spiel ab. Die Bewohner bitten sie lautstark weiterzumachen, aber sie setzt die Clownsnase ab und ist wieder Yvonne. Für diesen Tag war es genug. Immerhin hat Fernando nicht geweint.

Die Flüstermethode

Diese Methode kann dazu beitragen, dass sich ein Klient bei einem ernsthaften und etwas beängstigenden Gespräch sicherer fühlt und auch über schwierigere Themen sprechen kann.

Jannie weiß, dass Lies sich schnell abgelehnt fühlt, wenn man sie wegen irgendetwas korrigiert.
Am liebsten würde Jannie diese heftigen Reaktionen vermeiden, aber das ist nicht immer möglich. Es gibt immer wieder Situationen, wo es sich nicht umgehen lässt, Lies zu verbessern, beispielsweise beim Abwasch. Lies will gern abwaschen, und Jannie soll abtrocknen. Weil Lies es nicht besonders gut macht und das Besteck und das Geschirr hinterher noch schmutzig sind, bietet Jannie ihr an zu tauschen, aber Lies will nichts davon wissen. Andererseits wird sie wütend, wenn Jannie ihr alles, was nicht sauber geworden ist, ins Abwaschwasser zurücklegt. Und als Jannie ihr erklärt, warum sie das tun muss, schmeißt Lies erbost die Spülbürste hin und läuft laut schimpfend weg.
Jannie beschließt, den Abwasch in Zukunft fröhlicher und spielerischer zu gestalten, und die erste Gelegenheit dazu bietet sich, als sie eines Abends beim Abtrocknen eine Schicht angetrockneten Zucker in einer Tasse findet.
Jannie greift sich die Tasse, steckt ihre Nase hinein und riecht daran. Lies schaut hoch und lacht verblüfft über Jannies selt-

samos Benehmen. *„Ist wieder was nicht in Ordnung?", fragt sie gutmütig.*

„Pst, ich muss dir was sagen", flüstert Jannie und macht ihr ein Zeichen, dass sie ihr etwas ins Ohr flüstern will. Lies beugt sich erwartungsvoll zu ihr hinüber. Jannie flüstert hinter vorgehaltener Hand: „Ich habe Zucker gefunden."

„Na und?" Lies spielt mit und flüstert auch.

„Jetzt wird mein Geschirrtuch schmutzig", antwortet Jannie flüsternd. „Aber wenn ich die Tasse jetzt in die Spüle zurücktue, wirst du mich anschreien und weglaufen, und dann muss ich den Abwasch alleine machen."

„Wirf sie wieder rein, und ich tu einfach so, als hätte ich es nicht gesehen", antwortet Lies im gleichen geheimnisvollen Tonfall.

Jannie legt die Tasse ins Spülbecken zurück, und Lies guckt andächtig zu. „Wenn du unbedingt willst", sagt sie, „kann ich es auch richtig machen, okay?" Und sie fängt an, übertrieben langsam und gründlich mit der Bürste den Zucker aus der Tasse zu schrubben. Nun muss Jannie lachen. Sie beugt sich wieder zu Lies hinüber und flüstert: „Wenn du nicht gleich aufhörst, nehm ich dir die Bürste weg und spritz dich nass."

Das hätte sie besser nicht gesagt. Sofort streckt Lies die Abwaschbürste in die Höhe und schaut Jannie herausfordernd an. Binnen Sekunden ist in der Küche die schönste Wasserschlacht im Gange, und die beiden Frauen amüsieren sich bestens.

Rätsel

Rätsel können angespannte Situationen auflockern und aufheitern. Wenn der Betreuer beispielsweise nicht auf den Wunsch eines Klienten, der eine geringe Frustrationstoleranz hat, eingehen kann und befürchtet, dass der Klient sehr heftig reagieren wird, kann er ihm ein Rätsel aufgeben. Durch ein „Rate mal ..." kann auf lustige, spielerische Art beispielsweise klargemacht werden, dass man seine Bedürfnisse kontrollieren und auf andere Rücksicht nehmen sollte.

Der Strom ist ausgefallen, und deshalb bleibt auch der Fernseher dunkel, zum großen Leidwesen von Bob, der gerade seine Lieblingsserie gesehen hat und nun die spannendste Szene verpasst.

„Lucie, mach den Fernseher wieder an, ich sehe nichts mehr", fordert er von seiner Betreuerin.

Lucie sieht, dass Bob in höchster Aufregung ist. „Wie ärgerlich", sagt sie, „aber ich kann den Fernseher nicht anmachen, der Strom ist ausgefallen. In der ganzen Straße. Das Licht funktioniert nirgends." Sie geht Kerzen holen. Sie weiß, dass Bob es nicht versteht, und sie möchte dem zu befürchtenden heftigen Wutausbruch möglichst zuvorkommen. Bob rennt ihr hinterher. „Und wann machst du den Fernseher wieder an?"

„Ich kann ihn nicht anmachen, Bob, wir müssen warten, bis das Licht wieder angeht", versucht sie sich noch einmal verständlich zu machen. Sie steht vor der Wahl, selbst ärgerlich zu werden oder sich stattdessen etwas einfallen zu lassen. Sie entscheidet sich für die zweite Möglichkeit, schon um die Situation auch für sich selbst entspannter zu gestalten.

„Du, Bob, ich hab ein paar Rätsel für dich. Wenn du sie rauskriegst, mach ich extra für dich eine Tasse Kakao." Sie weiß, dass Bob ganz verrückt nach Kakao ist. Das Ablenkungsmanöver funktioniert, und Bob schaut sie fragend an. „Los, fang an."

„Rate mal: Kann ich den Fernseher anmachen oder nicht?", fragt Lucie und sieht ihn provozierend an. Bob zögert und antwortet dann: „Ich glaube nicht."

„Sehr gut", ruft Lucie. „Ein Punkt für dich. Nächste Frage, was denkst du: Finde ich es schön oder nicht, dass der Fernseher nicht geht?" „Nicht schön", antwortet Bob und bekommt den nächsten Punkt. So geht das noch eine Weile weiter, und die Atmosphäre entspannt sich zusehends, bis das Licht angeht und Bob mit seiner Tasse Kakao wieder vor dem Fernseher sitzt.

Die Karikatur – durch Zeichnungen oder einen Zerrspiegel

Ein Zerrspiegel an der Tür gibt immer wieder Anlass zu großer Heiterkeit. In angespannten Situationen, die zu eskalieren drohen, ist er ein gutes Werkzeug für lustige Ablenkungsmanöver.

„Oje, du guckst aber grimmig! Komm mal mit zum Spiegel." *Als Wilfried vor dem Zerrspiegel steht, guckt er erst mal verblüfft und muss dann gegen seinen Willen lachen. „Das bin ich nicht in echt", sagt er.* *„Aber sicher bist du das", lacht sein Betreuer.* *„Guck mal, ich bin das auch in echt." Und schon schneiden sie die schönsten Fratzen und haben jede Menge Spaß zusammen.*

Auch das Zeichnen von Karikaturen ist eine lustige Methode, um schwierige Situationen in kleinen Schritten zu entspannen. Sie lädt die Beteiligten ein, sich auf freundliche Weise über sich selbst oder den anderen lustig zu machen. Das macht es oft leichter, mit problematischen Situationen und Gefühlen umzugehen.

Balgereien

Kleine Balgereien geben sowohl Klienten als auch Betreuern die Gelegenheit, möglicherweise unbewusst aufgebaute Spannungen abzulassen. Es ist eine Möglichkeit der Kontaktaufnahme, die festen Spielregeln unterliegt, und eine gemeinsame körperliche Aktivität. Beide haben Spaß, und jeder will den anderen besiegen. Eine Balgerei mit einem Klienten kann dessen Selbstvertrauen steigern.

Kitzeln

Sich gegenseitig zu kitzeln ist eine besonders gute Methode, um schwierige Situationen aufzulockern und zusammen zu lachen.

Peter ist immerzu um Bob herum und läuft ihr ständig vor die Füße, während sie mit Waschen und Bügeln beschäftigt ist.

Das macht er schon den ganzen Tag, und Bob ist genervt.
„Peter, geh mir aus dem Weg", sagt sie immer wieder, aber
das scheint ihn nur noch mehr anzuspornen, und er sieht sie
auch noch mit herausforderndem Blick an.
Bob steht vor einer Entscheidung. Einerseits wird sie immer
wütender, aber sie weiß auch, dass Peter besonders viel Auf-
merksamkeit braucht.
„Du, pass auf, sonst wirst du durchgekitzelt", sagt sie provo-
zierend. „Das magst du doch nicht."
Kurz darauf liegt Peter kreischend vor Lachen auf dem Boden.
„Stop, Bob, hör auf, haha, ich halt's nicht mehr aus, aufhö-
ren!"

Gruppenspiele

Spannungen in der Gruppe oder drohende Eskalationen kann
man auflösen, indem man die Aufmerksamkeit der Beteiligten
auf etwas ganz anderes lenkt. Beispielsweise kann der Betreuer
ein Gruppenspiel initiieren, damit die Klienten gemeinsam auf
positive Weise aktiv sein können. Ideen für solche Spiele sind:

❖ Eine Art Staffellauf (in einer sicheren Umgebung): Wer bringt
   mir zuerst einen braunen Schuh, eine Zahnbürste, ein Ge-
   schirrtuch, Toilettenpapier etc.?
❖ Stuhltanz
❖ „Ich sehe was, was du nicht siehst"
❖ Süßigkeiten verstecken u. Ä.

Videoaufnahmen

Wenn man Klienten durch das Anschauen von Videoaufnahmen
mit ihrem eigenen Verhalten konfrontiert, ist das eine lustige,
aber auch lehrreiche Erfahrung. Natürlich kann ein Video auch
mal nicht so gut ankommen, aber innerhalb einer humorvollen
Betreuung kann man davon ausgehen, dass die Videos aus einer
positiven Einstellung heraus gemacht und gezeigt werden.

Edith ist Harmkes Lieblingsbetreuerin. Wenn sie Dienst hat, will Harmke ständig auf ihrem Schoß sitzen und mit ihr knuddeln, ob es nun gerade passt oder nicht. Wenn Edith sagt, dass sie jetzt wirklich keine Zeit hat, fühlt sich Harmke zurückgewiesen und hockt sich schmollend oder wütend in eine Zimmerecke. Edith erklärt ihr dann ganz freundlich noch einmal, dass sie zwar jetzt keine Zeit für sie hat, ganz sicher aber später wieder. Wenn Harmke dann immer noch maulig ist, setzt ihr Edith eine deutliche Grenze: „Harmke, ich habe es dir schon ein paar Mal erklärt. Und wenn es dir nicht passt, sitz hier nicht herum, sondern geh woandershin und tu irgendwas."

Doch Harmke bleibt schmollend in ihrer Ecke sitzen. Später versucht Edith, mit ihr über ihr Verhalten zu reden. Das Gespräch führt aber nicht zu dem erhofften Ergebnis. Als ein paar Tage später wieder die gleiche Situation entsteht, macht ein Kollege eine Videoaufnahme von der Situation. Er fragt Harmke, die schon wieder enttäuscht und maulend in der Ecke hockt, ob sie nicht mit den anderen Bewohnern am Tisch sitzen möchte. Er lässt nicht locker, bis sie endlich seiner Aufforderung folgt. Als sie am Tisch Platz nimmt, ruft Edith fröhlich: „Hey, Harmke, das ist aber schön, dass du dich zu den anderen setzt, wenn ich keine Zeit für dich habe." Harmke strahlt.

Dieses Vorgehen hatten die beiden Kollegen vorher miteinander abgesprochen. Einige Wochen später schaut sich Edith zusammen mit Harmke das Video an. Als sie sich selbst erkennt, macht Harmke erst einmal große Augen, dann klatscht sie begeistert in die Hände: „Da bin ich, da bin ich!", und: „Hahaha – da ist Edith!" Edith kommentiert das Video auf einfache, lustige Weise. Sie wiederholt wörtlich, was sie gerade sehen und hören. „Guck mal, Edith sagt, dass sie keine Zeit hat. Hörst du, wie Harmke meckert? Oje, nun hockt sie sich wieder in ihre Ecke. Sieh mal, wie böse sie guckt. Harmke findet das gar nicht schön." Harmkes Lachen klingt ein wenig beschämt. Edith fährt fort: „Edith sagt, dass sie es auch nicht

schön findet. Kriegen sie jetzt etwa Streit? Oh, oh ..." „Nein,
kein Streit, kein Streit", ruft Harmke. „Ach, schau mal, jetzt
setzt Harmke sich an den Tisch. Das finde ich gut. Hörst du,
wie Edith sich freut, weil Harmke das gemacht hat?" Harmke
lacht zufrieden und nickt zustimmend.

5.5 Andere problemauflösende Interventionstechniken

Übernehmen

Wenn ein Klient trotz aller Unterstützung nicht in der Lage ist, sein Problem zu lösen, und die Situation zu eskalieren droht, kann sein Betreuer das Problem „übernehmen". Er entscheidet dann über die Gründe, die Bedingungen und die Grenzen.

„Weil es dich jedes Mal total durcheinanderbringt, wenn du
mit deiner Mutter telefonierst, werde ich beim nächsten Mal
zuerst selbst mit ihr reden, und dann gebe ich das Telefon an
dich weiter, okay? Ich bleibe daneben sitzen, und wenn es zu
schwierig wird, kannst du mir das Gespräch wieder überge-
ben."

Dieses Übernehmen kann beispielsweise bei Klienten angewandt werden, die durch ständige (Selbst-)Überforderung depressiv oder überanstrengt sind. Bei ihnen ist die Diskrepanz zwischen Belastbarkeit und Belastung zu hoch. In einer solchen Situation können Betreuer und Klient gemeinsam festlegen, welche Dinge der Betreuer vorübergehend übernehmen kann.

Ablenkungsmanöver

Der Klient wird von seinem Problem abgelenkt und dazu angeregt, aus dem Problem „auszusteigen". Durch Ablenkung kann der Eskalation eines Problems vorgebeugt werden.

Jeden Tag, wenn sie von der Arbeit kommt, fängt Nadia Streit mit einer Mitbewohnerin an. Der Grund dafür ist den Betreuern nicht klar. Gespräche und Sanktionen haben nicht weitergeholfen.

Da Nadia ihrem Betreuer gern hilft, wird beschlossen, ihr jedes Mal, wenn wieder ein Streit auszubrechen droht, irgendeine kleine Arbeit zu geben. Das hilft. Inzwischen fragt sie sogar selbst, was sie helfen kann, wenn sie von der Arbeit kommt. Das negative Verhalten gegenüber der Mitbewohnerin kommt seltener vor.

Die dritte Person

Wenn es für einen Klienten zu bedrohlich ist, ein Thema direkt zu besprechen, fühlt er sich möglicherweise sicherer, wenn in der dritten Person über ihn gesprochen wird.

Manche Klienten tun das von sich aus: *„Das findet Piet nicht schön, Piet muss dann weinen."* Der Betreuer kann daran anschließen: *„Was kann ich tun, um Piet zu helfen?"*

Eine andere Person einsetzen

Manche Klienten fühlen sich sicherer, wenn im Gespräch das Problem auf eine ganz andere Person projiziert wird: *„Was könnte Harry tun, wenn er Angst hat?"*, könnte der Betreuer Piet fragen.

Aufzählung

Der Betreuer lässt den Klienten Einzelheiten rund um das Problem herum aufzählen.

Das macht manchmal deutlich, wie der Klient seine Anspannung verringern könnte oder auch wie man ihm helfen kann, sein Problem besser zu bearbeiten. Daneben bekommt der Betreuer wichtige Informationen und kann seine Betreuung besser auf die Situation einstellen. Manchen Klienten braucht man nur kurze

Fragen zu stellen: *„Und dann? Was hast du gesagt, was hat er gesagt? Und was war danach?"*

Eine fiktive Geschichte erzählen

Der Betreuer denkt sich eine Geschichte aus, deren Handlung zwar erkennbare Elemente aus der aktuellen Situation des Klienten enthält, aber nicht völlig damit übereinstimmt. Diese Methode ist für Fälle geeignet, bei denen der Betreuer vermutet, aber nicht ganz sicher ist, dass sein Klient bereit ist, über ein bestimmtes Problem zu sprechen.

Der Klient kann sich verbal oder nonverbal in die Erzählung einbringen und auch die Handlung mitbestimmen. Dies ist eine indirekte Methode, um Gedanken und Gefühle eines Klienten auszuloten.

Ans' Mutter ist gestorben. Ans will es nicht wahrhaben und tut so, als sei nichts geschehen. Beim Zubettgehen bittet sie ihre Betreuerin, ihr eine Geschichte zu erzählen. Das hat sie bisher noch nie getan. Die Betreuerin deutet es als ein Zeichen, dass Ans ihre Mutter vermisst.

„Es war einmal eine Frau, die hieß Betty. Sie war genauso alt wie du und arbeitete in einer betreuten Werkstatt. Eines Tages wurde sie sehr traurig, denn sie hatte keine Mutter mehr. Vorher hatte sie viele schöne Dinge mit ihrer Mutter getan wie Plätzchen backen oder in die Ferien fahren."

„Und Pfannkuchen essen und ins Kino gehen", mischt sich Ans in die Geschichte ein.

Den weiteren Verlauf der Geschichte bestimmt Ans dann allein.

Indirekt eine Lösung anbieten

Diese Methode kann gewählt werden, wenn es vor allem wichtig ist, das Selbstvertrauen des Klienten zu stärken, damit er später das Problem selbst lösen kann.

Es besteht der Verdacht, dass Jeroen das Portemonnaie eines Mitbewohners gestohlen hat. Sein Betreuer weiß aus Erfahrung, dass Jeroen, wenn man ihn direkt auf den Diebstahl anspricht, enorm aggressiv wird und grundsätzlich alles abstreitet. Da niemand dieses Verhalten dulden kann, versucht man es anders. „Gestern hab ich vielleicht eine Geschichte gehört!", spricht der Betreuer Jeroen an. „In der Werkstatt war die Geburtstagskiste verschwunden, sie konnten sie nirgends finden. Sie dachten, sie wäre gestohlen worden, und wollten schon die Polizei rufen. Sie haben sich aber überlegt, dem Dieb eine Chance zu geben. Derjenige, der die Kiste genommen hatte, sollte sie im WC abstellen. Wenn sie abends wieder da wäre, würde man keine Polizei einschalten. Und tatsächlich stand sie um fünf Uhr da! Da hat der Dieb noch mal Glück gehabt, dass ihn die Polizei nicht gekriegt hat. Stell dir mal vor, du hättest was geklaut und könntest es einfach hinter die Toilettenschüssel legen, und da würden es die Putzleute finden und nicht die Polizei."
Am nächsten Tag fand man ein Portemonnaie auf der Toilette der Werkstatt.

Gedanken oder Gefühle des Klienten beim Namen nennen

Im Verlauf der Bearbeitung, der Klärung oder der Lösung eines Problems kann es sinnvoll sein, dass Gedanken oder Gefühle, die der Klient nicht ausdrücken kann, vom Betreuer angesprochen werden. Dabei muss der Betreuer darauf achten, nicht seine eigenen Gedanken oder Gefühle auf den Klienten zu projizieren, und er sollte sich seine Wahrnehmungen von ihm bestätigen lassen.

„Jo, bist du nervös? Ich sehe rote Flecken an deinem Hals, und deine Stimme klingt anders als sonst."

5.6 Wenden Sie das Gelesene auf konkrete Fälle an

a) Wählen Sie sieben humorvolle und drei andere problemlösende Interventionsmethoden aus den vorigen Kapiteln aus.

b) Beschreiben Sie, für welches Entwicklungsniveau die jeweilige Intervention geeignet ist.

c) Finden Sie ein weiteres Beispiel für jede diese Interventionen.

d) Beschreiben Sie, welche nonverbalen Signale jeweils nötig sind, um eine Wirkung zu erzielen.

e) Beschreiben Sie, welchem theoretischen Ansatz die einzelnen Interventionen zuzuordnen sind (siehe Kapitel 1), und begründen Sie Ihre Entscheidung anhand der Theorien.

Anhang 1: Betreuungsplan

Humorvolle Intervention

Für eine strukturierte Anwendung der zuvor beschriebenen Betreuungstechniken ist es sinnvoll, folgende Fragen als Grundlage zu nehmen:

- ❖ Warum soll die humorvolle Intervention angewendet werden?
- ❖ Wer profitiert von der Anwendung dieser Betreuungstechnik?
- ❖ Welche spezifischen Methoden sind hier sinnvoll?
- ❖ Warum gerade diese Methoden?
- ❖ Wie, wann und wo soll humorvolle Intervention eingesetzt werden?

Diese Fragen sollten in den Betreuungsplan aufgenommen werden. Sie sind eine Ergänzung des Betreuungsplans, in dem auch alle anderen Betreuungsmaßnahmen festgelegt werden.

In manchen Situationen ist es sinnvoll, die humorvolle Intervention zeitweise als eigenständige Methode einzusetzen, bis sich ein Problem entspannt hat. Anschließend kann man sie dann normal in den Betreuungsplan integrieren.

Die humorvolle Intervention im Betreuungsplan

Teil A – Wichtige Informationen
Hier werden Name, Alter, private und dienstliche Anschrift des Klienten notiert sowie der Name des verantwortlichen Betreuers und das Datum der Planfestsetzung.

Teil B – Beteiligte Personen

Wer hat die Aufstellung dieses Plans veranlasst, und wer wird an der Durchführung beteiligt sein?

Teil C – Problembeschreibung

Das Problem wird kurz und objektiv beschrieben.

Teil D – Infrage kommende Betreuungsmethoden

Hier werden die humorvollen (oder andere problemlösende) Interventionsmethoden, für die man sich in diesem Fall entschieden hat, festgelegt.

Teil E – Zielfestlegung

Teil F – Voraussetzungen

In diesem Teil werden die notwendigen Voraussetzungen hinsichtlich Zeitbedarf und Betreuungsstunden, der Ort und die Art der Anwendung der betreffenden (humorvollen) Methoden festgelegt.

128

Beispiel eines Plans

A – Wichtige Informationen

Name des Klienten	: Agnes Schmidt
Geburtsdatum	: 01.02.1957
Staatsangehörigkeit	: deutsch
Wohnort	: Berlin
Telefon	: 030 123456
Beschäftigt bei	: Betreute Werkstätten
Telefon	: 030 654321
Tätigkeit	: Küchenhilfe
Verantwortliche Betreuerin	: Meike van Dalen, Sozialpädagogin
Datum	: 1. März 2009

B – Beteiligte Personen
Dieser Plan soll den Betreuern der Wohneinrichtung Hilfestellung im Umgang mit Agnes' Problemverhalten während der Mahlzeiten leisten. Agnes bekommt momentan hauptsächlich die Gereiztheit und den Zorn der Betreuer und Mitbewohner zu spüren und fühlt sich von ihnen abgewiesen. Von einer positiven Veränderung dieser Situation würden alle Beteiligten profitieren.

C – Problembeschreibung
Wegen ihrer Anpassungsschwierigkeiten innerhalb der Wohngruppe, die sich besonders während der Mahlzeiten in heftigen Streitigkeiten und Wutausbrüchen äußern, isst Agnes seit zwei Monaten allein in ihrem Zimmer.

Sie selbst sieht das als eine gute, friedliche Lösung. Es wurde mit ihr vereinbart, dass sie sich um 18:00 Uhr ihr Essen aus der Küche holen soll. Seit ein paar Wochen erscheint Agnes bereits um 17:00 Uhr in der Küche. Die Betreuer und die Mitbewohner, die um diese Zeit noch mit Kochen beschäftigt sind, empfinden das als sehr störend. Ständig fragt sie dann die Betreuer, ob ihr Essen wohl rechtzeitig fertig wird und ob sie auch genug abbekommt. Es nutzt nichts, sie zu beruhigen, eine Zeit mit ihr zu vereinbaren oder Ähnliches – sie hört nicht auf. Betreuer wie Mitbewohner werden zusehends gereizter, da Agnes auch noch allen buchstäblich vor die Füße läuft, und so gibt es wieder fast täglich Streit und Wutanfälle von Agnes.

D – Wirkungsvolle humorvolle Interventionsmethoden
a) Die verrückte Vorhersage
b) „Kannst du nicht – kann ich doch!"
c) In heiterem Tonfall (eventuell sogar singend) Ruhe und Struktur anbieten

---

E – Ziele
a) Indem ein Betreuer Agnes Fragen stellt und ihr Verhalten auf witzige Art spielerisch vorhersagt
- behält er die Fäden in der Hand;
- ist er Agnes immer einen Schritt voraus und kommt dem unerwünschten Verhalten zuvor;
- kann diese Einladung zu unerwünschtem Verhalten paradox wirken, indem es daraufhin einfach ausbleibt;
- kann es Agnes das Gefühl geben, verstanden und akzeptiert zu werden. Das könnte dazu führen, dass sie ihr Verhalten ändert. In jedem Fall sollte sie darüber lachen können.

b) Der Betreuer versucht auf spielerische Art, Agnes dazu zu bewegen, sich an Vereinbarungen zu halten.

c) Ein fröhliches Lachen (oder Singen) kann Vertrauen und ein sicheres Gefühl schaffen. Es zeigt eine positive Einstellung und verringert die Angst vor Sanktionen oder die Befürchtung, zurückgewiesen zu werden.

F – Voraussetzungen
a) Die verrückte Vorhersage
Betreuungssituation: Agnes kommt in die Küche.
Nonverbal: sie fröhlich und enthusiastisch in den Arm nehmen.
Verbal: sie freundlich begrüßen.
Beispiel: „Ha, die Agnes! Ich habe mir schon gedacht, dass du früher kommst. Du hast sicher Angst, dass dein Essen nicht rechtzeitig fertig wird. Und wahrscheinlich schaffe ich es wirklich nicht. Guck mal, ich kriege diese Kartoffel hier einfach nicht geschält. Wie blöd, denn bestimmt fängst du gleich an, die ganzen Kartoffeln durch die Küche zu schmeißen."

b) „Kannst du nicht – kann ich doch!"
Betreuungssituation: Wenn Agnes über das oben Beschriebene lachen konnte.
Nonverbal: bei der Küchenarbeit, fröhlich und mit komplizenhaftem Augenzwinkern.
Verbal: „Ich weiß, dass du Schwierigkeiten hast, nicht in die Küche zu kommen. Ich glaube, das liegt daran, dass du dir Abmachungen einfach nicht merken kannst."
Wirkung: Agnes zählt von sich aus die Abmachungen auf, ohne dass es dabei Streit und Ärger gibt.

c) In heiterem Tonfall (eventuell sogar singend) Ruhe und Struktur anbieten

Betreuungssituation: beliebig; möglicherweise direkt, wenn Agnes in die Küche kommt.

Nonverbal: fröhlicher Tonfall, ungezwungenes Auftreten.

Verbal: betont beruhigende Äußerungen, Alternativen anbieten, um die Zeit bis 18:00 Uhr woanders als in der Küche zu verbringen.

Anhang 2: Beispiele

Die Witze-Hotline

Während einer Bewohnerbesprechung macht Annette ihrem Ärger Luft: „Ich habe dermaßen die Nase voll von Hans. Es kostet mich all meine Energie, ständig zu versuchen, seine Wutanfälle zu verhindern, und wenn er doch einen kriegt, habe ich den ganzen Abend damit zu tun, andere Bewohner zu beruhigen und Hans zu besänftigen."

„Vor allem bei Hans frisst das Zeit", stellt Kollegin Francien fest. „Er flüchtet sich heulend in sein Zimmer, und man kann ihn nicht einfach in Ruhe lassen, weil sein durchdringendes Geheul die anderen schrecklich aufregt."

„Aber er lässt einen ja nicht rein, und dann steht man da und klopft und bettelt", ergänzt Jan.

„Manchmal gelingt es mir, ihn an die Tür zu locken. Und wir wissen ja, dass er es nicht mit Absicht macht. Ich kann ihn sogar verstehen. Er schämt sich dann so, dass er sich nicht mehr in unsere Nähe wagt, und er ist furchtbar unglücklich."

„Es kostet jedes Mal viel Zeit, bis er wieder der Junge ist, der gern lacht und Witze macht", sagt Annette.

„Und die ganzen Besprechungen, die wir dauernd wegen ihm haben, musst du auch dazuzählen."

„Die Zeit für Besprechungen war gut investiert", mischt Nicole sich in das Gespräch ein. „Immerhin haben wir dadurch eine Methode entdeckt, um seine Wutausbrüche zu verhindern. Die kommen ja höchstens noch drei Mal im Monat vor – letztes Jahr war es fast täglich."

„Das stimmt", gibt Annette zu. „Aber durch die tägliche intensive Betreuung fehlen mir ständig Stunden für die anderen Bewohner."

„Vielleicht versuchen wir es mal mit Humor", schlägt Annette vor. Sie beschreibt die Methode, und das Team reagiert mit großem Interesse. Es bildet sich eine Arbeitsgruppe, die einen Plan für Hans entwirft.

Einen Monat später präsentiert die Gruppe den Plan: Hans hat eine große Vorliebe für Witze. Mit seinem Mobiltelefon ruft er regelmäßig eine Nummer an, auf der Witze erzählt werden. Er sieht auch viel fern, besonders gern die Tagesschau. Außerdem telefoniert er gern. Er ruft sogar von seinem Zimmer aus Mitbewohner an, die auch ein Mobiltelefon besitzen.

Wir werden also in der nächsten Zeit, wenn Hans wieder heulend in seinem Zimmer sitzt, telefonisch Kontakt mit ihm suchen. Wenn er rangeht, sagen wir ihm ganz freundlich, wie leid es uns tut, dass er so unglücklich ist, und fragen ihn, ob er gern mit einem Witz getröstet werden möchte. Wenn er einverstanden ist, lesen wir ihm einen Witz aus der − speziell für ihn zusammengestellten − Witz-Liste vor.

Ziel: Die zu Zeit intensive Interaktion mit Hans zu verändern, mit der weder das Team noch Hans glücklich sind.

Annette ist die Erste, die die Methode in der Praxis anwendet. Sie empfindet es schon als Erleichterung, dass sie sich nicht mehr unbedingt Zugang zu Hans' Zimmer verschaffen muss. Hans hört auf zu weinen und geht ans Telefon. Erstaunt und sogar erfreut antwortet er, dass er gern einen Witz hören möchte. Fröhlich greift Annette zur Witz-Liste. Sie merkt, dass sich die Anspannung löst und diese simple Methode Wirkung zeigt.

„Isst du gerne Zwiebeln?", fragt sie. „Ja", antwortet Hans. „Hast du in der Tagesschau den Mann gesehen, dem eine Tulpe aus dem Hinterteil gewachsen ist?" „Nee", lacht Hans. „Er hatte die falsche Zwiebel gegessen." Hans versteht sofort: „Haha, dann war das wohl eine Blumenzwiebel!"

Aus: *Klik,* Juli/August 2002, Mieke Janssens

Der Lachball

Seit Ankie vor drei Monaten von ihrem Elternhaus in die Pflegeeinrichtung umgezogen ist, hat sie aufgehört zu sprechen. Sie lacht nicht, sie weint nicht. Sie brummt. Und wer sie besser kennt, kann aus der Art des Brummens ihre Stimmung heraushören. Kurze brummende Geräusche, die wie ein Stakkato aufeinander folgen, weisen auf gute Laune hin. Wenn sie wütend oder traurig ist, stößt sie zuerst einen kurzen, lauten Ton aus, der dann in einen lang anhaltenden Quengelton übergeht. Meist sitzt die 30-Jährige apathisch auf einer Bank und blickt starr vor sich hin. Die Betreuer versuchen sie mithilfe von Piktogrammen zu stimulieren und Struktur in ihr Leben zu bringen.

Die Eltern geben sich allein die Schuld an dem veränderten Verhalten ihrer Tochter. Früher drückte sie Dinge mit einfachen Worten und Gesten aus. Sie konnte fröhlich lachen, manchmal strahlte sie sogar vor Freude. Ihre Äußerungen waren sehr ausdrucksstark; wenn sie weinte, konnte man deutlich erkennen, ob sie wütend oder traurig war. Sie half ihrer Mutter beim Ausfegen, Teppichläufer Ausschütteln, die Schmutzwäsche in die Maschine Stecken und anderen einfachen Haushaltsdingen.

„Sollen wir sie nicht doch lieber wieder mit nach Hause nehmen?" Aber beide sind schon älter, und sie müssen in jedem Fall in absehbarer Zeit den Trennungsprozess vollziehen. Der Stationsleiter schlägt vor, mittels Beobachtung, Untersuchungen und Tests die beste Betreuungsmethode für Ankie zu finden. Der Psychologe empfiehlt, Ankie mehr Aufmerksamkeit zu schenken und sie durch eine fordernde Art der Kommunikation stärker zum Sprechen zu animieren. Der Ergotherapeut rät, ihr Pflichten im Haushalt zu geben. Es wird extra für sie ein Plastikservice in fröhlichen Farben angeschafft. Nichts davon hilft: Ankie brummt mehr denn je ihr lautes, ärgerliches Brummen.

Praktikant Arjan hat die Aufgabe, die humorvolle Intervention in der Einrichtung einzusetzen. Er entscheidet sich für Ankies Fall und erhält die Genehmigung, ihre Vorgeschichte zu analysieren. Sein Ergebnis: Ankie leide unter einer akuten Depression aufgrund der Verunsicherung durch ihre neue Umgebung und die

Trennung von ihren Eltern. Ihr regressives Verhalten könnte eine Art Schutzschild sein, der ihr helfen soll, sich der veränderten Situation zu stellen. Die besondere Aufmerksamkeit vom Team verstärkte ihre Unsicherheit noch und gab ihr das Gefühl, dass alle etwas von ihr erwarteten: spielen, reden, Kontakt aufnehmen. Die kleinen Aufgaben im Haushalt entsprachen zwar in der Vergangenheit ihren Interessen, halfen ihr aber in der gegenwärtigen Situation nicht weiter.

Besser geeignet wären einfache Spiele mit leicht verständlichen Abläufen. Während seiner Beobachtungsphase stellt Arjan fest, dass Ankie umso fröhlicher brummt, je mehr Spaß die Menschen um sie herum haben. Arjan sucht ein paar einfache, lustige Spielsachen aus, kleine Sachen, mit denen Ankie selbstständig spielen kann. In einem Laden für Partyartikel findet er einen bunten Plüschball – einen Lachball. Wenn man draufdrückt, erklingt lautes Gelächter, das sich zu wildem Heulen, Schluchzen und Kreischen steigert. Ob man will oder nicht – man muss einfach mitlachen. Begeistert kauft Arjan den Ball.

Als Ankie und er für einen Moment allein in der Wohngruppe sind, setzt er sich in ihre Nähe und versucht, ihre Aufmerksamkeit zu wecken: „Guck mal hier, Ankie, und hör mal!" Er nimmt den knallbunten Ball, drückt drauf und rollt die lachende Kugel auf Ankie zu.

Ankie macht große Augen, als das Ding auf sie zukommt. Sie nimmt ihn vorsichtig in die Hand und hält ihn sich ans Ohr. Als das Gelächter aufhört, zeigt ihr Arjan, wie sie auf den Ball drücken muss. Ankie nimmt ihm ungeduldig den Ball aus der Hand und hält ihn sich wieder ans Ohr. Und es geschieht genau das, was Arjan gehofft hatte: Ankie genießt voller Hingabe, sie macht ihr fröhliches Stakkatogeräusch und dann die Andeutung eines Lächelns …

Aus: *Klik,* September 2002, Mieke Janssens

Pannen

Wenn Karel etwas will, dann muss es sofort passieren, und zu seinem Ärger ist das nicht immer möglich. Er stellt fest, dass seine Nägel zu lang sind, und erwartet, dass der Dienst habende Betreuer sie ihm sofort schneidet. „Nägel schneiden, Nägel schneiden, Nägel schneiden", wiederholt er drängend und hält Stefan die Nagelschere vor die Nase, während dieser gerade dabei ist, das Fleisch für das Abendessen zu braten. Es ist gerade „Stoßzeit" – die Bewohner kommen von der Arbeit, das Essen muss auf den Tisch, und um sieben Uhr stehen die ersten Taxis vor der Tür, um die Bewohner in ihre Freizeiteinrichtungen zu bringen. Stefan weiß, dass Karel sich nicht darüber im Klaren ist, wie ungünstig sein Anliegen gerade kommt, und er versucht ihm geduldig die Situation begreiflich zu machen. Er muss ihm eine Alternative anbieten, und dabei sollte er nicht Dinge sagen wie „später", „warte ein bisschen", „gleich" oder „das machen wir abends". Es sollten konkrete Vorschläge sein bzw. eine genaue Verabredung. „Karel, wenn Mineke und Jan gegangen sind, schneide ich dir die Nägel."

So hat es das Team vereinbart, aber neun von zehn Mal funktioniert es nicht. Karel will nicht warten, Karel kann nicht warten, Karel fängt an zu diskutieren: „Warum nicht jetzt, ich will aber jetzt die Nägel geschnitten haben, Nägel schneiden, Nägel schneiden ..." Stefan erklärt nochmals geduldig, dass er in Zeitdruck ist. Das Essen darf nicht anbrennen, und alles muss rechtzeitig auf dem Tisch stehen. Diese Auseinandersetzungen enden fast immer gleich: Dem Betreuer reißt die Geduld, und er reagiert am Ende so verärgert, dass Karel schmollend aus der Küche läuft, seine Mutter anruft und sich bitter beklagt.

Das Resultat ist, dass seine Mutter sofort den Betreuer sprechen will, wenn nicht gleich, dann doch spätestens am Abend. Darin sind sich Karel und seine Mutter sehr ähnlich: Sie kann sich nicht vorstellen, dass der Betreuer nicht für jede Kleinigkeit sofort Zeit hat. Und wieder lässt Stefan sich auf geduldige Erklärungen und Diskussionen ein, was dazu führt, dass sein Ärger sich zu Frustration wandelt. Er bleibt höflich, aber er kommt nicht dazu zu sagen, was sein Anliegen ist, und auch, als er später endlich Zeit hat, Karel die Nägel zu schneiden, kann er nicht mehr spontan sein. Karel reagiert sofort darauf: „Du kannst mich nicht leiden, stimmt's? Sag es ruhig, sag es ruhig."

„Selbst wenn wir ihm eine konkrete Alternative anbieten – Karel kann oder will einfach nicht warten", teilt Stefan in der nächsten Bewohnerbesprechung mit. Seine Kollegen erkennen das Muster wieder. Sie tauschen Erfahrungen aus und kommen zu dem Ergebnis, dass die Beziehung zu Karel in eine negative Spirale geraten ist. „Möglicherweise versteht Karel die neue Vereinbarung sogar, er ist aber nicht in der Lage, die Wartezeit zu überbrücken, weil er so fixiert ist auf das, was er will. Vielleicht ist er sich nicht sicher genug, dass sein Betreuer sich auch an die Vereinbarung halten wird. Trotzdem muss er akzeptieren, dass er manchmal einfach warten muss.

„Vielleicht können wir ihm die Wartezeit leichter machen, indem wir für Ablenkung sorgen", schlägt der Psychologe vor und sagt: „Versuchen wir es mal mit Humor. Wir müssten herausfinden, was Karel Spaß macht. Vielleicht kann ihn der Spaß aus der negativen Spirale befreien."

„Ich weiß, worüber Karel am meisten lacht", erzählt Corine. „Er findet es wahnsinnig witzig, wenn jemand etwas verkehrt macht, stolpert oder etwas fallen lässt, aber ich kann ja nun unmöglich jedes Mal …"

„Filmpannen!", unterbricht Gerda sie begeistert. „Ich habe eine DVD mit lauter herausgeschnittenen Pannen aus Fernsehproduktionen. Könnten wir die nicht in schwierigen Situationen mit Karel einsetzen?"

Das Team ist einverstanden und erarbeitet einen Plan auf der Basis der humorvollen Intervention. Sie haben das Ei des Kolumbus gefunden: Die Ablenkungsmethode ist ein voller Erfolg. Ab sofort wird die Wartezeit für Karel buchstäblich programmiert. Er lacht Tränen, denkt nicht mehr an … Was war es doch gleich? Und er muss nicht mehr ständig seine Mutter alarmieren. Der Kreis ist durchbrochen.

Aus: *Klik,* November 2002, Mieke Janssen

Das Badeschaummuseum

Marja hat seit Jahren eine ganz besondere Sammelleidenschaft. Jede Woche kauft sie von ihrem Taschengeld eine Flasche Schaumbad und eine Tube Zahnpasta, die sie dann hochbeglückt allen Bewohnern und Betreuern präsentiert. Diese können inzwischen ihre Begeisterung nicht mehr so recht teilen. Ihre Mitbewohner sind genervt, weil Marja kaum jemals über irgendetwas anderes redet!

Für die Betreuer ist Marjas Sammlung inzwischen zu einem echten Problem geworden. In ihrem Zimmer häufen sich unzählige Flaschen und Tuben. Der Schrank und die Regale sind voll davon, sie liegen auf der Fensterbank und sogar unter dem Bett. Marjas Schwester ist aufgebracht, weil nirgends mehr Platz ist, um bei ihren Besuchen gemütlich mit Marja zusammenzusitzen. Außerdem bekommt sie von dem starken Parfumduft im Zimmer Kopfschmerzen. Ihr Ärger führt zu einem Konflikt: Sie fordert, dass die Betreuer eine „Entrümpelungsaktion" durchführen, wenn Marja nicht zu Hause ist. „Das wurde früher auch so gemacht; Marja durfte einen kleinen Teil behalten, der Rest landete im Vorratsschrank der Einrichtung. Das gab zwar dramatische Szenen, aber es wurde trotzdem konsequent durchgezogen."

Betreuerin Caro protestiert: „Vielleicht ist das Ganze erst dadurch zu so einer Obsession geworden. Wir haben alles Mögliche ausprobiert, aber Marja gerät schon völlig außer sich, wenn wir nur die Hand nach einer Zahnpastatube ausstrecken. Ich finde es unmenschlich, ihr einfach gegen ihren Willen ihre Sachen wegnehmen." Die Schwester springt auf und ruft giftig: „Finden Sie mich unmenschlich, weil ich Sie auf Ihre Verantwortung hinweise? Es ist doch nicht zu fassen, dass meine behinderte Schwester hier in ihrem Chaos sitzen gelassen wird, ohne dass Sie für Abhilfe sorgen!"

Der Konflikt zieht sich über Monate hin. Die Schwester hat inzwischen offiziell bei der Leitung Beschwerde erhoben, die nun sorgfältig geprüft wird. Der Leiter hat mit Caro gesprochen und sie aufgefordert, sich der Schwester gegenüber diplomatischer zu verhalten.

Das Team wurde aufgefordert, die gegenwärtige pädagogische Vorgehensweise schriftlich festzulegen und zu rechtfertigen.

„Wir verschwenden so viel Zeit mit Gesprächen, Sitzungen und Computerarbeit, und das alles wegen Marjas außer Kontrolle geratener Sammelwut", klagt Betreuerin Janneke während einer Teambesprechung. „Ich habe wegen des ganzen Theaters schon beinahe einen Hass auf sie. Und ich kann keinen Badeschaum mehr sehen!"

„Manche Zahnpastatuben stammen aus dem vorigen Jahrhundert", seufzt Caro. „Sie sollte ein Museum eröffnen."

„Gar keine schlechte Idee", findet der Psychologe. „Mit dem vollgestopften Zimmer und dem penetranten Geruch kann es nicht weitergehen. Wenn wir die Sachen auf eine witzige, spielerische Art mit ihr zusammen aufbewahren, bekommt Marja nicht das Gefühl, dass wir ihr etwas wegnehmen. Nehmen wir also die Museumsidee in Angriff. Marja wünscht sich vor allem unsere Aufmerksamkeit. Wenn wir gemeinsam mit ihr eine Ausstellung vorbereiten, zeigen wir ihr damit, dass wir uns für ihr Hobby interessieren und es akzeptieren. Das könnte die negative Spirale auflösen. Wir müssen nur dafür sorgen, dass Marja nicht das Gefühl bekommt, wir nehmen ihr ihre Sachen weg, sondern dass wir sie mit ihr gemeinsam ordnen und schöner machen."

„Das Badeschaummuseum … Au ja, und ihre Schwester darf bei der Eröffnung das Band durchschneiden", witzelt Caro. Aber der Plan gefällt ihr, und sie erklärt sich bereit, ihn mit einem Kollegen auszuarbeiten.

Vier Wochen später, an einem Sonntag, steht eine strahlende Marja in der Halle des Wohnheims, wo auf Tischen all ihre Schaumbadflaschen und Zahnpastatuben ausgestellt sind. Auf einem Plakat an der Wand steht in zierlich gepinselter, farbiger Schrift *Marjas Badeschaummuseum*. Die Bewohner und ihre Angehörigen, die zu Besuch gekommen sind, betrachten die vielen Toilettenartikel. Es gibt Kaffee und Kuchen. Caro macht Fotos. Dabei hört sie, wie Marja zu ihrer Schwester sagt: „Manche von den Sachen sind nicht mehr schön, die werfe ich nach der Ausstellung weg. Caro hat alles fotografiert, so geht nichts verloren. Und die Fotos hängen wir dann nächstes Jahr ins Museum, wie gefällt dir das?"

Aus: *Klik,* Januar 2003, Mieke Janssens

Literaturverzeichnis

Bosch, E. (2004). *Sexualität und Beziehungen bei Menschen mit einer geistigen Behinderung.* Tübingen: dgvt-Verlag.

Bosch, E. (2005). *„Wir wollen nur euer Bestes!" – Die Bedeutung der kritischen Selbstreflexion in der Begegnung mit Menschen mit geistiger Behinderung* (2., verb. Aufl.). Tübingen: dgvt-Verlag.

Bosch, E. & Suykerbuyk, E. (2007). *Aufklärung – Die Kunst der Vermittlung: Methodik der sexuellen Aufklärung für Menschen mit geistiger Behinderung.* München: Juventa.

Effinger, H. (Hrsg.). (2008). *„Die Wahrheit zum Lachen bringen": Humor als Medium in der Sozialen Arbeit.* München/Weinheim: Juventa.

Effinger, H. (2006). *Lachen erlaubt: Witz und Humor in der Sozialen Arbeit.* Regensburg: Edition Buntehunde.

Freud, S. (1992). *Der Witz und seine Beziehung zum Unbewußten/Der Humor.* Frankfurt a. M.: Fischer Taschenbuch.

Frittum, M. (2008). *Die Soziale Arbeit und ihr Verhältnis zum Humor: Möglichkeiten humorvoller Intervention im Beratungsgespräch.* Wiesbaden: VS.

Herzhoff, S. (2007). *Helper's Little Helper: Humor und Witz in der sozialen Arbeit.* Saarbrücken: VDM.

Janssens, M. (2002). *Reader Humor ... en andere relativerende methoden.* Rotterdam. Advies- en trainingsbureau Concrete Coaching. Unveröffentlichtes Manuskript.

Janssens, M. (2002). Diverse columns in de rubriek met Humor begeleiten. *Maandblad Klik. Edities 7/8, 9, 11.*

Janssens, M. (2003). Diverse columns in de rubriek met Humor begeleiten. *Maandblad Klik. Editie 1.*

Kuipers, G. (2006). *Good Humor, Bad Taste. A Sociology of the Joke.* Berlin/New York: Mouton de Gruyter.

Lexow, M. (2008). *Humor – eine Tugend in der Sozialen Arbeit: Remember that you are being paid for smiling!* Saarbrücken: VDM.

Robinson, V. M. (2002). *Praxishandbuch Therapeutischer Humor: Grundlagen und Anwendung für Pflege- und Gesundheitsberufe*. Bern: Huber.

Siegel, S. A. (2005). *Darf Pflege(n) Spaß machen? Humor im Pflege- und Gesundheitswesen: Bedeutung, Möglichkeiten und Grenzen eines außergewöhnlichen Phänomens*. Hannover: Schlütersche.

Titze, M. & Eschenröder, C. T. (2007). *Therapeutischer Humor: Grundlagen und Anwendungen*. Frankfurt a. M.: Fischer Taschenbuch.

Wijnberg, J. (1999). *Lachen als levensvisie. Humor en uitdaging in de psychologische praktijk*. Haarlem: Kosmos-Z&K.